传统武术套路完全图解

八段锦、五禽戏、48式太极拳及42式太极剑

灌木体育编辑组　编著

人民邮电出版社

北京

图书在版编目（CIP）数据

传统武术套路完全图解：八段锦、五禽戏、48式太
极拳及42式太极剑 / 灌木体育编辑组编著. -- 北京：
人民邮电出版社，2024.2
ISBN 978-7-115-62321-8

Ⅰ．①传… Ⅱ．①灌… Ⅲ．①套路(武术)-中国-图
解 Ⅳ．①G852-64

中国国家版本馆CIP数据核字(2023)第135782号

免 责 声 明

内 容 提 要

本书是为武术爱好者设计的传统武术套路指导书，包含八段锦、五禽戏、48 式太
极拳及 42 式太极剑，各套路均由武术名家亲身示范。本书第一章简单介绍了八段锦、
五禽戏、太极拳、太极剑的起源与发展，第二章至第五章分别展示了八段锦、五禽戏、
48 式太极拳及 42 式太极剑的套路。套路的讲解，采用高清连拍图结合细致的文字说明
的方式，分步图解，直观清晰，方便读者学习。

◆ 编　　著　灌木体育编辑组
　　责任编辑　刘日红
　　责任印制　彭志环
◆ 人民邮电出版社出版发行　　北京市丰台区成寿寺路 11 号
　　邮编　100164　　电子邮件　315@ptpress.com.cn
　　网址　https://www.ptpress.com.cn
　　北京瑞禾彩色印刷有限公司印刷
◆ 开本：700×1000　1/16
　　印张：9　　　　　　　　　　　2024 年 2 月第 1 版
　　字数：186 千字　　　　　　　2024 年 2 月北京第 1 次印刷

定价：39.80 元

读者服务热线：(010)81055296　印装质量热线：(010)81055316
反盗版热线：(010)81055315
广告经营许可证：京东市监广登字 20170147 号

目　录

第四章 48式太极拳 /41

第五章　42式太极剑 /91

第一章

起源与发展

八段锦

八段锦是一项历史悠久的健身运动，随着练习者的不断研究，体系日益完善。八段锦不仅练习方法简单易学，而且行之有效，在强身健体、预防疾病和延年益寿等方面都有积极的效果。

八段锦中的"八段"并非指分为八个段节或八个动作，而是强调八段锦各要素之间的相互联系和制约关系。"锦"字的表面意思为华丽精美，内涵则点出了八段锦中每个导引术之间是如丝绸锦缎一般顺畅连接在一起的。

查阅众多文献史料可知，八段锦之名最早现于南宋洪迈所著的《夷坚志》："政和七年，李似矩为起居郎……尝以夜半时起坐，嘘吸按摩，行所谓八段锦者。"可见八段锦在宋代已被大众所接受并广泛流传。除了上文中所描述的坐式八段锦，南宋曾慥所著的《道枢·众妙篇》中则首次提到了立式八段锦："仰掌上举以治三焦者也，左肝右肺如射雕焉，东西独托，所以安其脾胃矣，返复而顾，所以理其伤劳矣，大小朝天，所以通其五脏矣，咽津补气，左右挑其手，摆鳝之尾，所以祛心之疾矣，左右手以攀其足，所以治其腰矣。"但此时的八段锦尚未定名，文字描述也并未歌诀化，直到南宋陈元靓所著的《事林广记·修真秘旨》中才将其定名为"吕真人安乐法"，文字歌诀为"昂首仰托顺三焦，左肝右肺如射雕，东脾单托兼西胃，五劳回顾七伤调，鳝鱼摆尾通心气，两手搬脚定于腰，大小朝天安五脏，漱津咽纳指双挑"。后至清末《新出保身图说·八段锦》中首次定名为"八段锦"并将整套动作都配以图像，其歌诀也与现代基本一致，只是套路顺序略有不同："两手托天理三焦，左右开弓似射雕，调离脾胃须单举，五劳七伤往后瞧，摇头摆尾去心火，背后七颠百病消，攒拳怒目增气力，两手攀足固肾腰。"至此，传统八段锦套路动作基本得以固定并广泛流传下来。

尽管八段锦在宋代、明代、清代的文献中都有迹可循，但究竟八段锦是何人、何时所创，至今尚无定论。长沙马王堆三号汉墓出土的帛书《导引图》之中，至少有四幅图势与八段锦图势类似。由此可见，八段锦与《导引图》之间必然有一定的联系，从而可将八段锦的历史根源提前至西汉时期。

五禽戏

五禽戏是从我国古代流传下来的一种健身运动。相传上古之时，中原大地被洪涝灾害所祸，许多人患上关节类和筋骨类的疾病。为了舒缓病症，强身健体，古人创制了一种模拟飞禽走兽的动作与神态的运动，这就是五禽戏的渊源。《庄子》中记录了与这种运动相关的内容："吹呴呼吸，吐故纳新，熊经鸟申，为寿而已矣。"在长沙马王堆三号汉墓出图的《导引图》中，也有很多模拟动物的姿势，与五禽戏有密切的关系。

到了东汉时期，名医华佗将这些模仿飞禽走兽的动作进行了总结和创编。这在我国多部史书中均有记载，例如西晋陈寿所著的《三国志·华佗传》曰："吾有一术，名五禽之戏，一曰虎，二曰鹿，三曰熊，四曰猨（猿），五曰鸟。亦以除疾，并利蹞（蹄）足，以当导引。"南北朝范晔所著的《后汉书·华佗传》中也有类似记载。但遗憾的是，虽然这些史书的记载说明五禽戏由华佗所创，但并没有华佗本人所著文献或流传图谱、文字对此加以佐证。

以文字记述五禽戏具体动作的文献最早见于南北朝陶弘景所著的《养性延命录》，它详细描述了"虎戏""鹿戏""熊戏""猿戏""鸟戏"这五种动作的具体姿态，以及肢体做各种动作的次数。到了明清时期，明代周履靖所著的《夷门广牍·赤凤髓》、清代曹无极所著的《万寿仙书·导引篇》、清代席锡蕃所著的《五禽舞功法图说》等著作中，更是以图文结合的形式，详细生动地描述了五禽戏的练习方法。

五禽戏发展到今天，已经形成了众多流派，如外功型、内功型、散手技击型和舞蹈型等。每个流派都有各自的风格和侧重点，但均是在五禽动作的基础上，结合自身特点而形成的。

太极拳

太极拳，属国家级非物质文化遗产，是以中国传统儒、道哲学中的太极和阴阳辩证理念为核心思想，集颐养性情、强身健体、技击对抗等多种功能为一体的中国传统拳术。

太极拳的起源，目前主要有两种不同的说法。一种说法是，太极拳创自张三丰，原因是张三丰创建了武当派，始创了内家拳。太极拳是内家拳之首，因此尊张三丰为祖师，是一种自然归属。张三丰创立的太极拳、八卦拳、形意拳、五行拳、混元拳、玄武棍等，都是从道教经书中汲取精华引申而来的。张三丰所创的拳法和棍术都有一个共同特点，即注重内功和阴阳变化，讲求意、气、力的协调统一，动作沉稳，姿势含蓄，劲力浑厚，神意悠然。这些特征无不与道家的清静柔弱、淡泊无为的主张相吻合，内以养生，外以却恶，可以说是留给后世的珍贵历史文化遗产。

　　另一种说法是，太极拳创自陈王廷。此种说法出自顾留馨、唐豪先生对太极拳的考证和《太极拳研究》。他们考证陈王廷创太极拳的依据有两点：一是有陈氏后人曾提到其祖先所作的打油诗《闷来时造拳》；二是陈王廷留有一篇《拳经总歌》。但据考察，这篇《拳经总歌》并非陈氏所独有，山西洪洞通背拳的《拳经总论》除极个别字外，其他内容与之完全相同。

　　剑，古代兵器之一，属于"短兵"，素有"百兵之君"的美称。古代的剑有的由金属制成，长条形，前端尖，后端安有短柄，两边有刃。

　　太极剑是太极拳运动的一项重要内容，它是在太极拳的基础上，为了提高练习者的身体平衡能力、协调能力和练习的趣味性而逐渐发展起来的锻炼方法。它兼具太极拳和剑术的风格特点，一方面它要像太极拳一样，表现出轻灵柔和、绵绵不断、重意不重力的特点；另一方面还要表现出优美潇洒、剑法清楚、形神兼备的剑术演练风格。

　　42式太极剑风格独特，舞起来动作柔和、舒缓、美观大方，体静神舒、内外合一。

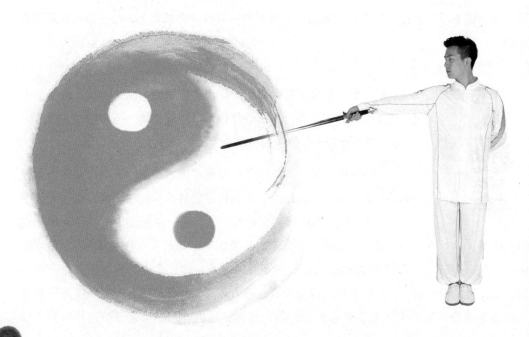

第二章

八段锦

预备式

　　由立正姿势变为两脚分开与肩同宽且双膝微屈，头向上顶、下颌微收、腰身竖直、腹部放松，双手放于腹前，目视前方。

第一式 两手托天理三焦

1 由预备式开始做动作。

2 双手交叉，双臂带动双手向头顶上托，至头顶后，掌心朝上，同时眼随手动。

3 双臂带动双掌从身体两侧向下还原。

4 双臂下放，双掌五指张开置于腹前，目视正前方。

第二式 左右开弓似射雕

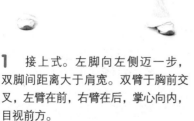

1 接上式。左脚向左侧迈一步，双脚间距离大于肩宽。双臂于胸前交叉，左臂在前，右臂在后，掌心向内，目视前方。

2 双腿直立，随后慢慢下蹲。同时，右手虚握，右臂向右拉，直到右手拉至肩前；左手变为八字掌，左臂内旋，向左侧推出，与肩同高，掌心向左。目视左手。

3 两手变掌。右手掌心向外，经胸前向右推出，至右臂伸直。目视右手。

4 重心右移，左腿逐渐伸直。随后左脚收回，同时双臂逐渐下落。

5 双脚恢复至与肩同宽的距离，同时双手置于腹前，掌心向内。

6 右脚向右侧迈一步，双脚间距离大于肩宽。双臂交叉于胸前，右臂在前，左臂在后。

7 双腿直立，随后慢慢下蹲。同时，左手虚握，左臂向左拉，直到左手拉至肩前；右手变为八字掌，右臂内旋，向右侧推出，与肩同高，掌心向右。目视右手。

8 两手变掌。左手掌心向外，经胸前向左推出，至左臂伸直。目视左手。

9 重心左移，右腿逐渐伸直。随后右脚收回，同时双臂逐渐下落。

10 双脚恢复至与肩同宽的距离，同时双手置于腹前，掌心向内。

第三式
调理脾胃须单举

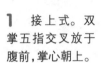

1 接上式。双掌五指交叉放于腹前，掌心朝上。

2 左掌外旋向上推举直到颈前，右掌随右臂内旋下按。

3 左掌上举至头顶，掌心朝上，手指朝右；右掌下按至右髋旁，掌心朝下，手指朝前。

4 左臂内旋，左掌下按，右臂内旋上抬。

5 接上步，左掌
继续下按，右臂继
续上抬。

6 右掌至颈前，
外旋向上推举；左
掌内旋下按。

7 右掌上举至头顶，掌心朝上，
手指向左；左掌下按至左髋旁，掌
心朝下，手指朝前。

8 右掌向前下方徐
徐下落。

9 双手下落于身体两侧。

第四式
五劳七伤往后瞧

1 接上式。双脚分开与肩同宽，脚尖朝前。

2 身体保持不动，双臂向外打开，肩胛骨收紧，头部向左后方转。

3 身体随着头部一同向左后方转动，转到后侧时暂停，目视后方。

4 略停后，头部和身体转回，两手慢慢收回，目视前方。

5 双臂向外打开，肩胛骨收紧，头部与身体继续向右后方转动。

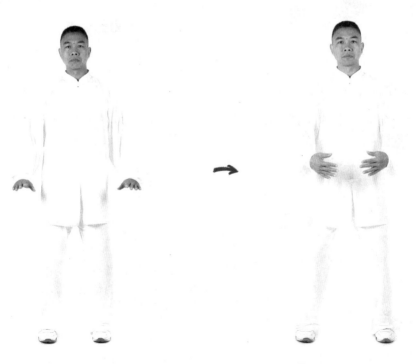

6 动作停留后回到正面。

7 恢复预备式。

第五式
摇头摆尾去心火

1 接上式。右脚向右迈一大步，双脚开立呈马步；同时两手扶在膝关节上，目视前方。

2 重心右移，呈右弓步；同时上身向右倾斜。

3 随后上身前倾，并逐渐向左移动，将重心向两脚中央靠拢。

4 重心左移，同时上身也随之移动，目视左脚。

5 之后顶髋，重心上升，右臂随之伸直，上身微微抬起，头转向左上方。

6 摆动髋部，使重心逐渐位于两脚中央，双腿回到马步；同时头部恢复到目视前方。之后向相反方向运动。

7 重心向左移动，呈左弓步；同时上身向左倾斜。

8 随后上身前倾，并逐渐向右移动，将重心向两脚中央靠拢。

9 重心右移，同时上身也随之移动，目视右脚。

10 之后顶髋，重心上升，左臂随之伸直，上身微微抬起，头转向右上方。

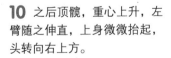

11 摆动髋部，使重心逐渐位于两脚中央，双腿回到马步；同时头部恢复到目视前方。

12 最后右脚收回，恢复成预备式。

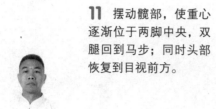

第六式 两手攀足固肾腰

1 接上式。双脚分开与肩同宽。双臂伸直，两手沿体前上举至头上方，然后缓缓下落，降至腋下向后反插，向后贴于背部。

2 上身前倾；同时双腿微屈，双手慢慢向下滑动，贴于大腿两侧，目视地面。

3 屈膝，上身继续前倾；同时两手继续向下滑动，经大腿后侧下落至脚踝处，再沿两脚外侧移至脚面。

4 起身，双腿挺直；同时两手向前方伸出，带动上身上抬，直至身体直立，双臂上举至头上方。

5 双臂向前落下，恢复成预备式。

第七式 攒拳怒目增气力

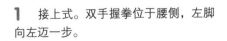

1 接上式。双手握拳位于腰侧，左脚向左迈一步。

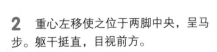

2 重心左移使之位于两脚中央，呈马步。躯干挺直，目视前方。

3 左臂慢慢向前出拳，与肩同高。

4 右拳保持不变；同时左拳变掌，左臂内旋，掌心向下。

5 姿势保持不变，左臂继续内旋，直至掌心向左。

6 左臂外旋，掌心逐渐向上，位置依然不变。

7 之后左掌变拳回收至腰部，目视前方。

8 右臂慢慢向前出拳，与肩同高。

9 左拳保持不变；同时右拳变掌，右臂内旋，掌心向下。

10 身体姿势保持不变，右臂内旋至掌心向右，随后开始外旋，位置不动。

11 右臂继续外旋，掌心逐渐向上，位置不动。

12 之后，右掌变拳收至腰部，目视前方。

13 重心右移，左腿收回与右脚并立。

14 身体挺直，双手由拳变掌，自然落下贴于身体两侧，目视前方。

第八式
背后七颠百病消

1 接上式。身体保持不动，踮脚，动作停留一会儿。双脚落地时有微微的震动感。动作重复若干次。

2 重复完动作后两掌合于腹前，休息片刻。然后两臂下落，放于体侧。

第三章

五禽戏

预备式

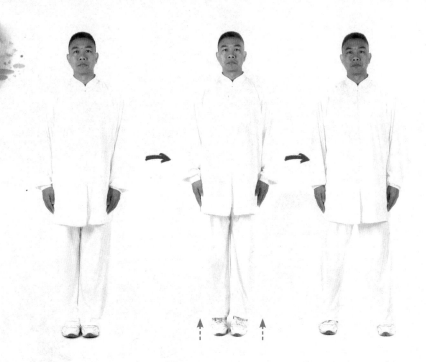

1 双脚并立站稳，双手自然垂于身体两侧，目视前方。

2 双脚脚跟抬起，放松身体，目视前方。

3 双脚开立并踏实，双脚间距约与肩同宽。

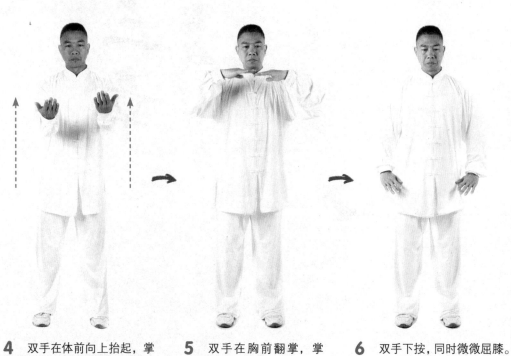

4 双手在体前向上抬起，掌心向上，直到与胸同高。

5 双手在胸前翻掌，掌心向下。

6 双手下按，同时微微屈膝。

第一式
虎戏之坐洞运爪

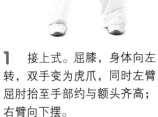

1 接上式。屈膝，身体向左转，双手变为虎爪，同时左臂屈肘抬至手部约与额头齐高；右臂向下摆。

2 身体向右转动，转身过程中，双手上下交替，右臂上划至手部约与额头齐高，左臂向下伸直。

3 继续向右转体，转至右侧，过程中尽量保持正马步。

4 向左转体。重复以上步骤3次，每次转体时双手上下交替位置。最后身体转至右侧，双臂向右伸。

5 身体转回正面，双臂向前伸，置于胸前，双手掌心朝下。

6 双掌向下按至腹前，双腿伸直。

第二式
虎戏之虎卧山洞

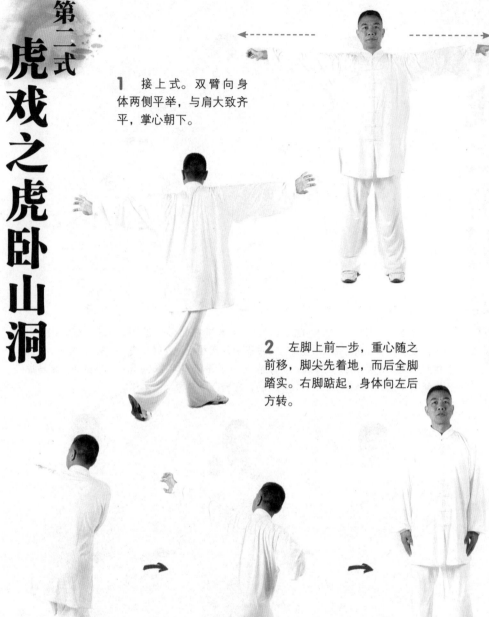

1 接上式。双臂向身体两侧平举，与肩大致齐平，掌心朝下。

2 左脚上前一步，重心随之前移，脚尖先着地，而后全脚踏实。右脚踮起，身体向左后方转。

3 双腿屈膝下蹲，双臂屈肘于体前上下交叠。

4 左臂向左上方伸出，掌心朝后；右臂沿身体向后拉至手部位于胸前。

5 双腿伸直；同时双手由爪变为掌，自然垂于身体两侧，转身回到正面。左脚回收，身体恢复为双腿直立的姿势。随后，反方向重复上述步骤。

调息式

1 接上式。双臂向身体两侧抬起至胸部高度。

2 双臂屈肘，双手在胸前翻掌，掌心朝下，指尖相对。

3 双手经体前下按至髋部两侧，目视前方。

第三式 鹿戏之梅鹿伸腰

1 接上式。双手由掌变为鹿角，屈肘，双手抬至两侧胸部下方；同时左腿提膝抬脚，脚尖朝前。

2 双手抬至头顶上方，手指朝上，同时左脚踢出。

3 双手从头顶上方画弧至侧举于身体两侧，与肩同高，掌心朝下；同时左脚向左画弧落下，目视前方。随后恢复初始姿势，反方向重复上述动作。

第四式
鹿戏之转颈运间

1 恢复初始姿势。

2 以右脚为轴向右转，随后左脚向左侧踏一步；同时屈膝，双手变为鹿角，向左侧摆动至与肩同高的位置，双臂微侧伸，目视左侧。

3 双手向右侧摆动；同时重心右移，向右转髋。

4 双手向右摆至与肩同高的位置，双臂微侧伸，目视右侧。

5 双手向左侧摆动，重心左移。

6 双手向左摆至与肩同高的位置，双臂微侧伸，目视左侧。

7 双臂反复向左右两侧摆动，重复三次。最后一次摆至左侧后，双臂下落。同时，以右脚为轴，身体左转；同时左脚后撤，屈膝，双臂向右侧上方摆动，反向重复以上动作。

8 最后身体恢复直立姿势。

调息式

1 接上式。双臂向身体两侧抬起并抬至胸部高度。

2 双臂屈肘，双手在胸前翻掌，掌心朝下，指尖相对。

3 双手经体前下按至髋部两侧，目视前方。

第五式

熊戏之黑熊探爪

1 接上式。左脚向前方迈一步，脚跟先着地，而后踏实，重心后移；同时上身向右转，双手向右后方摆臂，掌心朝下。

2 重心前移，上身左转；同时双臂向左侧平移，掌心朝下。

3 上身继续左转；同时双臂向左侧平移，掌心朝下。

4 手掌移至左侧后，重心稍后移。

5 上身转向右侧，重心后移；同时双掌经体前回到右后方。

6 双臂向左平移，重心前移。重复以上步骤三次。

7 左脚收回，迈右脚，反方向重复以上动作，之后恢复直立姿势。

第六式 熊戏之笨熊晃体

1 接上式。左脚向前迈一步屈膝踏实，右腿伸直，右脚跟抬起；同时双手由掌变为熊掌，左臂向前摆，右臂向后摆。

2 重心后移，右腿屈膝，左脚脚尖抬起，双臂保持不动。

3 左脚踏实，右脚脚跟抬起，右臂前摆，左臂后摆回到左侧髋部旁边。

4 双臂向前后两个方向摆动，重复摆臂动作三次，最后收回左脚，恢复直立姿势。迈右脚重复上述动作。

调息式

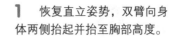

1 恢复直立姿势，双臂向身体两侧抬起并抬至胸部高度。

2 双臂屈肘，双手在胸前翻掌，掌心朝下，指尖相对。

3 双手经体前下按至髋部两侧，目视前方。

第七式 猿戏之白猿欢跳

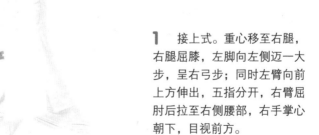

1 接上式。重心移至右腿，右腿屈膝，左脚向左侧迈一大步，呈右弓步；同时左臂向前上方伸出，五指分开，右臂屈肘后拉至右侧腰部，右手掌心朝下，目视前方。

2 身体左转，右脚迅速抬起，重心向左移，双臂交叉于腹前。

3 重心移至左腿，右腿提起，双手由掌变为猿勾。左臂屈肘，左手上提至左耳处；右臂向后，右手贴于身体右侧，目视右上方。

4 右脚向右侧迈一大步，呈左弓步，过程中双手由猿勾变掌，右手向前上方伸至略高于肩，左臂屈肘置于左侧腰部，目视前方。

5 身体右转，左脚迅速抬起，重心右移，双臂交叉于腹前。

6 重心移至右腿，左腿提起，双手变为猿勾。左臂屈肘，左手贴于身体左侧；右臂屈肘，右手上提至右耳处，目视左上方。

7 左脚向左侧落步，右腿抬起，右臂落下，左手上提至左耳处，目视右上方。

第八式
猿戏之白猿转身

1 接上式。右脚向右后方落步，双臂保持不动，身体向右侧顺时针转圈。

2 双臂保持不变，继续向右侧转圈，右脚继续向后落。

3 继续向右侧转圈，右脚继续后落，双臂依然保持不变。

4 转体一圈，同时双手呈猿勾置于胸前，目视前方。

5 右脚向右前方迈一大步，呈右弓步，上身随之右转，双手呈猿勾置于胸前。

6 重心左移，上身左转，左腿屈膝，双手由猿勾变为掌。

7 左脚蹬地向上跳起，于空中右膝提起，双手变猿勾，右手向前方伸。

8 双脚开步落地，屈膝半蹲，脚尖朝前，双手呈猿勾置于胸前，头向右转。

9 头部转回正面，目视前方。

调息式

1 接上式。恢复直立姿势，双臂向身体两侧抬起并抬至胸部高度。

2 双臂屈肘，双手在胸前翻掌，掌心朝下，指尖相对。

3 双手经体前下按至髋部两侧，目视前方。

第九式
鸟戏之飞鹤展翅

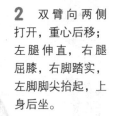

1 接上式。左脚向左前方迈一步，屈膝；右腿伸直，右脚脚跟微微抬起；双臂向前方水平前伸，双手掌心相对。

2 双臂向两侧打开，重心后移；左腿伸直，右腿屈膝，右脚踏实，左脚脚尖抬起，上身后坐。

3 重心前移，左脚踏实。

4 左腿屈膝，右腿伸直，双臂随之向前摆臂至体前。

5 重复以上步骤三次后，收回迈出的脚，恢复直立姿势。随后，反方向重复以上动作，再恢复直立姿势。

第十式
鸟戏之群鹤净身

1 接上式。双手变为鸟翅，左臂前摆，重心前移；左脚向左前方迈一步，屈膝；右脚脚跟微微抬起，右腿伸直。

2 左臂向前摆臂至手部略高于头。

3 右脚踏实，上身后坐，左脚脚尖抬起；左臂屈肘后拉，右臂上抬，目视前方。

4 左臂继续后抬，右臂继续上抬至超过头部。

5 重心前移，左脚踏实，左腿屈膝，右腿伸直；左臂前伸并上摆至与肩齐平，右臂下压至体侧。

6 重复以上步骤三次后，收回迈出的脚，恢复直立姿势。随后，反方向重复以上动作，再恢复直立姿势。

第十一式 鸟戏之白鹤飞翔

1 接上式。双手由掌变鸟翅，双臂向两侧抬起，高于肩部，呈展翅状，掌心朝下；同时左腿提膝至大腿与地面平行，小腿自然垂落，脚尖朝下。

2 双臂自然落下贴于身体两侧；同时右腿微屈膝，左脚脚尖着地。

3 上述动作重复做三次后，换提右脚重复动作三次。最后将抬起的右脚落下，恢复双腿直立的姿势。

第十二式
引气归元

1 接上式。双臂从身体两侧抬起，掌心向前。

2 双臂上抬至双手超过头顶高度，掌心相对。

3 双手翻掌下按，掌心向下。

4 双手自然收回至身体两侧，目视前方。

第十三式 收势

1 双脚开立，约与肩同宽，双手垂于身体两侧。

2 双掌提至胸前，搓掌，直到手心发热。

3 将发热的掌心贴在面部，上下摩擦。

4 双手在面部摩擦完后，经面部摩擦至头顶。

5 双手由头顶沿耳后、颈部、胸前向下摩擦。

6 双手沿腹部、腿部继续向下摩擦。

7 身体下蹲，双手摩擦至小腿。

8 起身，双手沿腿后侧摩擦至背后，并在背部敲击数下。

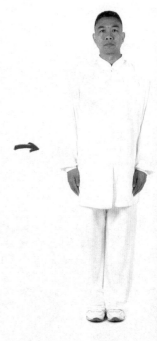

9 双手从背后回到前腹，并拍打数次。

10 双手垂于身体两侧。

11 双腿并立，目视前方。

第四章

48式太极拳

起势

1 双脚并立，双臂自然下垂贴于大腿两侧。左脚抬起并向左迈步，脚尖着地。

2 左脚踩实，呈双脚开立姿势。双臂在身体两侧慢慢向上抬起至双掌与腰部齐高，掌心朝内。

3 双臂继续向上抬至与肩部齐高，此时掌心朝下。

4 双臂继续上抬至双掌略高于肩部后下落，身体随之下蹲，此时双手掌心朝前并落至胸部前方。

5 挺直腰背，双掌向下按压至髋部位置，掌心朝下，身体进一步下蹲。

第一式 白鹤亮翅

1 接上式。右脚跟抬起，身体重心位于左腿，左掌抬至胸前。接着右臂打开，右手向右平移，向上翻掌，再向腹部左侧平移。右脚后撤，注意双手相对，左手在上，右手在下，呈抱球状，此时身体前倾，重心位于左脚。

2 右脚踩实，右手划向头部右侧，稍稍高于头部，掌心朝内。左手掌心向下，先向上轻抚右臂内侧，后划至腰部左侧。左脚跟抬起，重心移至右脚。

第二式 左搂膝拗步

1 接上式。下身保持不变，右手沿弧线下落至面部，掌心朝向面部。

2 上身稍稍向右转，右手沿弧线经胸前划至右侧髋部前方，掌心朝上。左掌先向上、后向右划至与头齐高，目视左掌，掌心朝外。

3 上身向右转，左手随之向右转，右掌向外打开并上移。左脚向右脚收回，左脚尖着地，双膝微屈。

4 右膝进一步屈曲，左腿向前迈一步，脚跟着地，身体后坐；右腿支撑身体；同时左掌沿弧线向左腹前方划。右手上抬，掌心向下，与头齐高。

5 身体稍稍向左转，重心前倾，左脚掌踩实；同时在上臂带动下，右手向前推，左掌随身体转动划至左侧髋部旁，目视右掌。

6 右腿蹬直，身体回正，呈左弓步。右臂向前伸直，右手腕发力，右掌向前推，左掌在体侧向下按。

第三式 左单鞭

1 接上式。上身向右转，随后右掌沿弧线下划至最低点后向上翻掌上移，左掌沿弧线上划至颈部前方，双掌掌心相对。同时右脚抬起，准备向右迈。

2 右脚向右迈，脚跟着地，左膝微屈。双手移至胸部前方，目视左掌。

3 重心前移，右膝屈曲，双臂前推。身体稍稍右转，右臂随之向右摆，左手搭在右臂内侧。

4 右臂继续向右摆至身体正右侧，随后向胸前收。身体向左转，回正，右脚跟着地旋转至脚尖朝前。然后右脚掌踩实，重心右移，左腿略微蹬直，右手翻掌朝前推，左掌顺势前移，目视右掌。

5 左腿收回，脚尖着地。

6 双腿不动，右掌变钩手，左掌不变。

7 左脚向左迈，脚跟着地。右手不动，左掌沿弧线向左划，掌心朝内，目视左掌。

8 身体向左转，左脚踩实，重心左移，最终呈左弓步。左掌随之移至身体正前方并向前推。

第四式 左琵琶势

1 接上式。右脚向左脚收且脚尖着地，左手翻掌下移至腰部左侧，右钩手变掌并平移至身体正前方。

2 重心后移至右腿，左脚尖着地，双膝微屈。右掌收回至胸前，掌心向下。左掌在腰侧沿弧线上划至身体前方，掌心向下，目视左掌。

3 右腿支撑身体，左脚向前迈步且脚跟着地，左手收回，约与肩齐高。

4 双掌向前推。

第五式 挒挤势

1 接上式。左脚上抬向左移。双掌相向，在肩部前方交叠。

2 左脚踩实，呈左弓步姿势。左掌收回至胸前，右掌沿弧线向前划。

3 右脚向前迈一步，整体调整为右弓步姿势；同时双掌先向腹部左侧下划，再向肩部前方收（左掌扶于右腕），然后向前推。

4 上身向左转，双臂先沿弧线向左划，接着左臂在右臂上方沿弧线向左划，然后双臂慢慢向下移动；同时重心右移，呈右弓步。

5 左脚向前迈一步，脚跟着地，身体略向左转。双臂收回至胸前，左掌在前，右掌扶于左腕。

6 左脚踩实，整体调整为左弓步姿势，双掌向前推。

7 身体稍稍向右转，双膝屈曲，重心下降。右臂沿弧线向右划，接着收回胸前。然后左臂沿弧线向右划至胸前，右臂再在左臂上方沿弧线向右划。

8 右脚向前一步，整体调整为右弓步姿势；同时双臂先收回，然后上移至肩前，右掌在前，左掌扶于右腕，最后双掌向前推。

第六式 左搬拦捶

1 接上式。身体微微后坐，右脚尖抬起，左掌向上划，右掌向下划，双臂呈抱球状。

2 上身稍稍向右转，整体调整为右弓步姿势。左腿随身体旋转，脚尖着地，双臂向两侧打开，左掌心朝左，右掌心朝上。

3 重心右移，左腿朝左前方跨出，脚跟着地，左掌向上移至头部前方变拳，右掌向下移至腹部前方。然后右掌向下按压至髋部前方，左拳向下移至颈部前方后向前伸出。

4 身体向左转，左脚踩实，整体调整为左弓步姿势。左拳向上、向外翻至与肩齐高，右臂随身体向左移。

5 右腿向左腿收回，屈膝，脚尖向下不挨地，左拳收回，右掌侧挥至与肩齐高。

6 重心位于左脚，右脚向前跨出，脚跟着地。右掌变立掌。

7 重心向前移至右脚，右脚踩实，双膝稍稍屈曲，左拳向前打出。

8 重心继续向前移，整体调整为右弓步姿势。左拳继续向前，右掌移至左肘内侧。

第七式
左掤捋挤按

1 接上式。重心后坐，右脚尖抬起，上身顺势向右转。左拳变掌，右手翻掌向下移。

2 右脚踩实，左脚向前迈，脚跟着地。双掌沿弧线分别向上、向下划，呈抱球状。

3 左掌向左上方划至与肩齐高，同时右掌向右下方划至腹部前方。接着右掌向左上方划至左臂内侧，后双掌向右下方捋至腹部前方，重心后移。

4 双掌向右上方划至与肩齐高。

5 上身向左转，右腿支撑身体，右掌沿弧线向胸前划，收至左掌内侧。

6 重心先向前移，后向后移，左脚随之先踩实，后脚尖抬起；同时双手先向前推，后收回。

7 整体调整为左弓步姿势，双手立掌向前推。

49

第八式 斜身靠

1 接上式。上身向右转，右臂随之向右移，左脚尖抬起并向右转。

2 上身继续向右转，左脚踩实且脚尖朝向正前方，右臂向外打开，目视右掌。

3 右腿向左腿收回，右脚尖着地，右膝屈曲，整体上调整为右虚步姿势。左掌向颈部前方收，右掌先沿弧线向下划，后向上移至左掌前方。

4 双掌变双拳，左膝屈曲，右脚向右后方伸出，脚跟着地。

5 右脚踩实，右腿屈膝，身体重心下降并右移。

6 重心继续右移，整体调整为右弓步姿势。右拳上拉至头部右侧，左拳下落至左腿上方。

第九式 肘底捶

1 接上式。身体重心向左移，双拳变双掌，并上抬至略高于肩部，掌心向外。

2 左脚向右脚收；同时左掌下划至髋部前方，右臂向胸前屈肘，右掌向下翻，双臂呈抱球状。

3 左脚向左侧跨出，脚跟着地，右掌向下划，左掌向上移，与肩齐高。

4 身体向左转，左掌随之移动并在身体左侧下压，右掌沿弧线向上、向前划。

5 重心后移，左脚抬起，右掌变拳并收回，左掌向前、向上移并与右拳在胸部前方相交。

6 左脚向前跨出，脚跟着地，右拳继续收回，左掌继续向前移。

第十式 倒卷肱

1 接上式。右拳变掌，先向下划，后向上划至与肩齐高，左掌向上翻。随后左腿向右后方撤，右掌继续向上划，然后向右耳后方移。

2 重心后移，左掌向后、向下收回，右掌随之在左掌上方向前推。

3 上身向左转，双臂随之向身体两侧打开，掌心朝外。

4 右脚向后退一步，右掌向后、向下收回，左掌向前推，双掌在胸前交叠。

5 重心移至右腿，左掌继续向前推，右掌收回至右侧腹部前方。

6 右掌向上划至与肩齐高。然后左腿向后退一步，右掌继续向上划，再向耳后方挥，最后向前推；同时左掌向下收于左侧腹部前方。

7 左掌向上划至与肩齐高，右掌翻掌向上。然后右腿向后退一步，左掌继续向上划，再向左耳后方挥。

8 身体后坐，右掌向后、向下收回，左掌向前推，双掌在胸前交叠。

9 左掌继续向前推，右掌收回至右侧腹部前方。

第十一式
转身推掌

1 接上式。左脚向后撤，右掌沿弧线向上、向前划，左掌向后收回。

2 身体向左转，左脚向前迈。左掌下压至髋部，右掌收回并向下翻掌，与头部齐高。

3 重心前移，左掌向左划，右掌向前推；同时右脚向左脚收回。

4 　身体稍稍向右转；同时左手翻掌向上划，右掌收回。

5 　向右转体，右膝屈曲，左脚尖点地。与此同时，左掌前推、右掌下压。

6 　左脚向右脚收回，呈虚步。右掌上翻并上划，左手沿弧线下划。

7 　身体向左转，左脚向前跨，重心前移，右掌向前推，左掌下压至左侧腹部前方。

8 　身体向右转，右脚向右迈，脚跟着地。右掌向下按压至腹部，左掌向上移至左耳侧。

9 　右脚踩实，重心移至右腿，上身向右转，左脚先收回再向后撤，呈右弓步。同时左掌向前推，右掌向下按。

第十二式 右琵琶势

1 接上式。重心后移，右脚尖着地。右臂前平举，左掌保持约与肩齐高并向后收回。

2 重心后移，右脚跟着地。双臂向后收回，掌心斜向下。

3 双掌向前推并立掌，掌心朝前。

第十三式 搂膝栽捶

1 接上式。右脚向左脚收回，脚尖着地。右掌下划至腹部前方，左掌上划至颈部前方，掌心相对。

2 重心位于左腿，右脚向右跨出且脚跟着地，双掌移至胸前，左手扶于右前臂内侧。

3 上身向右转，整体调整为右弓步姿势；同时双掌向外推。

4 左脚向右脚收回，脚尖着地。上身继续向右转，双臂随之向右转。

5 身体向左转，右臂屈曲收回，左掌向下按压至左侧腹部位置。

6 抬起右脚，左掌向上抬并翻掌，右掌向下按压。

7 右脚向右迈一步，脚跟着地，左掌上移至左耳旁并变拳，右掌继续向下按压。

8 上身向右转，重心前移，整体上大致呈右弓步姿势。右掌随之向下、向外摆，左拳斜向下击出。

第十四式
白蛇吐信

1 接上式。身体向左转，双臂向左上方划，左拳变掌。

2 重心右移，左脚尖着地，左掌向前划至左臂前平举，右掌划至右耳旁。

3 身体向左转，双膝屈曲下蹲，两掌在胸前交叠。

4 身体继续向左转，进一步屈膝下蹲，左掌向腰部位置收回，右掌向前推。

5 站起，右脚抬起，脚尖朝下。左臂抬至与肩齐高，右掌翻转，掌心朝左。

6 右脚向前迈，脚跟着地，左掌收回至左耳旁，右掌下移。

7 身体向右转，双膝屈曲下蹲，左掌继续向前推，右掌向后收回。

8 进一步屈膝下蹲，左掌向前推，右掌收回至右侧腰部位置。

第十五式 拍脚伏虎

1 接上式。起身，左脚向前跨一步，右手翻掌向头部上方划，左掌则向下按压。

2 左脚踩实，右腿迅速上抬，左掌向上划至与肩齐高，右掌直拍右脚脚面。

3 完成拍脚后，右脚下落至左脚右侧，然后左脚迅速向左跨一步，变为右弓步姿势，双掌向下摆。

4 身体左转，右腿蹬直，重心左移。双掌变双拳，左拳上摆至头部前上方，右臂于胸前屈肘。

5 上身右转，右腿向右迈一步，左拳变掌，先向下划后向上抬至头部高度；右拳变掌，先向上划后向下划至身体后侧。

6 接着右腿撑地发力，左腿向前、向上踢，左掌拍击左脚面，同时右掌上划至头部高度。

7 完成拍脚后，左脚下落至右脚左侧，然后右脚迅速向右跨一步，变为左弓步姿势，双掌向下摆。

8 重心移至右腿，整体呈右弓步姿势。双掌先向下摆后上摆并变双拳，右拳高于头顶，左拳位于胸部位置。

第十六式 左撇身捶

1 接上式。重心先左移后右移，双拳变双掌，右掌掌心朝内并向下划，左掌掌心朝外并向上、向外划。

2 右腿支撑身体，左脚上抬，右掌先向下划后向上抬至头顶上方，左掌向下划并变拳。

3 左腿向左迈一步，脚跟着地，左拳向上移，架于肩前，右掌扶于左臂内侧。

4 上身向左转，左脚踩实，整体上呈左弓步姿势，左拳上举，右掌保持扶于左臂内侧，做弓步撇打。目视左拳。

第十七式 穿拳下势

1 接上式。身体左转，左拳变掌并沿弧线向左上方划；右掌经胸前下划，掌心朝上。

2 左腿蹬地伸直，右腿跟随前移上提，脚尖朝下。双掌变拳，左拳下摆至腹部前方，拳心朝内；右臂屈肘，右拳上摆至头部前方，拳心朝内。

3 右脚向右迈一步，脚跟着地，左膝屈曲，整体上呈左弓步姿势。左拳向上移至头部位置，右拳向下收于腰部位置。

4 进一步屈膝下蹲，右脚尖向右侧转，右脚踩实，左拳上举至头部上方，右拳向腿部右移。

第十八式

独立撑掌

1 接上式。重心右移，整体上由左弓步姿势变为右弓步姿势。左拳向下移至与肩齐高，右拳向上、向右移至与肩齐高。

2 保持右弓步不变，双手松拳变掌，左掌划向腰部，右掌下翻。

3 右腿支撑身体，左脚上抬，左膝屈曲上提。左臂屈肘上摆，掌心向内，右掌向下按压。

4 待左膝完全上提后，翻左掌并上推。

5 左腿落下，向前跨出一步并伸直，右腿屈膝。右臂屈肘，右掌上翻，左掌下翻并向前、向下划至胸部前方。

6 身体重心前移，左腿屈膝撑地，右腿跟随前移，脚尖点地。右掌上划至面部前方，左掌下压。

7 上提右膝，翻右掌并上推。

1 接上式。右脚向后撤，左掌先向上移后向前推，右掌向下划并向内翻掌。

2 重心后移至右腿，双掌向下摆至髋部前方。

3 重心左移，左掌心朝内，右掌心朝外，两掌移至胸前并向外推。

4 重心进一步左移，整体呈左弓步姿势，右手搭于左腕，双掌向前移。

5 身体后坐，右腿支撑身体，左脚跟着地，双臂朝左侧挥摆。

6 身体向右转，左脚踩实且脚尖朝前，左臂收至胸前变立掌，然后向前推，右手始终搭在左腕。

7 重心转移至左腿，右手搭在左腕，左掌继续向前推。

8 右脚向左脚收回并以脚尖着地，右手依然搭于左腕，左掌变为钩手。

9 右脚向右迈一步，重心右移，整体上调整为右弓步姿势。同时上身向右转，右掌随之向右移至头部正前方并变立掌，掌心朝前。

第二十式 右云手

1 接上式。身体重心移至左腿，右掌向下摆，掌心向上，左钩手变立掌。

2 下身不动，右掌向上划至左臂内侧。

3 重心右移，整体上调整为右弓步姿势，左掌向下按，右掌向上举至头部前方，掌心向内。

4 左脚向右脚收回，双膝稍稍屈曲，右掌向右划至与肩齐高，且翻掌向前，左掌向上、向右划至右臂内侧且翻掌向上。

5 左腿支撑身体，右脚上抬，左掌向左划至与头部齐高并向外翻，右掌向下划至左侧腹部前方。

6 右脚向右迈一步，整体上调整为左弓步姿势，左掌向左前方推，右掌向左腕内侧移动。

7 重心右移，右掌先向上划至头部高度，后向下划至与肩部齐高；左掌先向下划至腹部前方，后向上划至右臂内侧。同时左脚向右脚收回。

第二十一式
右左分鬃

1 接上式。右脚跟上抬，右膝屈曲，上身向左转，左掌向上移至颈部前方，右掌向下移至髋部前方，掌心相对，呈抱球状。

2 上身右转，身体后坐，左腿支撑身体，右脚向右迈一步，脚跟着地，双臂保持不动。

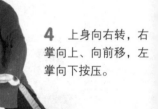

3 重心右移，整体上调整为右弓步姿势，左掌向下移，右掌向上移。

4 上身向右转，右掌向上、向前移，左掌向下按压。

5 重心后移，右脚尖上抬，上身动作不变。

6 重心前移，右脚踩实，左脚跟上抬，上身向右转，右掌向下翻，左掌由外向前移至腹部前方。

7 左脚收至右脚左侧，然后向左迈一步，脚跟着地，双掌在身前呈抱球状。

8 待左脚踩实地面，左掌向上、向前划至与颈部齐高，右掌向下按压。

第二十二式

高探马

1 接上式。右脚向左脚收回，双膝稍稍屈曲，重心下沉，上身稍稍向右转；同时右臂向上抬至与肩齐高。

2 抬起左脚，脚尖朝下，右腿支撑身体，右肘屈曲，右掌移至头部右侧。

3 左脚向前迈一步，呈左虚步，右掌向前推，左掌向后收回。

4 右掌继续向前推至右臂伸直，左掌继续向后收回至腹部前方。

第二十三式
右蹬脚

1 接上式。抬起左脚，向左迈一步，脚尖着地，右掌先向外挥后向胸前收，左掌向前挥摆。

2 重心前移，左脚踩实，右掌向前推，左掌向下划至腹部前方。

3 右膝上提，左腿支撑身体。左掌向上挥至头顶，右掌向下挥至腹部前方，然后左掌向下移，右掌向上移，双掌在肩前交叠。

4 右脚上踢，注意此时左腿伸直，双掌先向上挥后向外推。

第二十四式 双峰贯耳

1 接上式。收回踢出的右脚并保持右膝上提的状态，双掌向颈部前方收，掌心向上。

2 右脚落下并向前迈，脚跟着地，双掌变双拳，向腰部两侧收回。

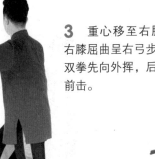

3 重心移至右腿，右膝屈曲呈右弓步，双拳先向外挥，后向前击。

4 双拳向前击至双臂伸直。

第二十五式 左蹬脚

1 接上式。重心略微后移，右脚跟着地，双拳变双掌，掌心朝外。

2 重心前移，整体呈右弓步姿势，双臂沿弧线向下划。

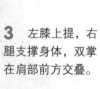

3 左膝上提，右腿支撑身体，双掌在肩部前方交叠。

4 左脚向上踢，双手先向上挥后向外挥。

第二十六式 掩手撩掌

1 接上式。左脚收回，脚尖着地。右手为拳，左手为掌，向内收至肩前。

2 左脚向左跨一步，脚跟着地，右膝屈曲，双手收于腹部前方。

3 左脚踩实，重心左移，左掌变拳收回至腹部左侧，右拳斜向下打出。

第二十七式
海底针

1 接上式。右脚向左脚收回，双拳变双掌，右掌收于腰侧，左掌向前挥摆。

2 重心后移，左脚尖着地，右掌提至头部右侧。

3 重心下压，左脚向前迈一小步，脚尖着地。右掌向下、向前伸出，左掌收至髋侧。

第二十八式
闪通臂

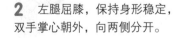

1 接上式。左脚向前迈一步，身体右转，重心上提。双掌上提至头部前方，左掌位于右掌内侧。

2 左腿屈膝，保持身形稳定，双手掌心朝外，向两侧分开。

3 右腿蹬直，整体上调整为右弓步姿势，左掌向前推，右掌向上、向右挥。

第二十九式 左右分脚

1 接上式。重心右移，上身向右转，整体上呈右弓步姿势。

2 重心左移，上身右转，右脚微微抬起，右掌挥至身体右侧。

3 右膝上提，右脚尖朝下，双掌在胸前交叠。

4 左脚支撑身体，保持身体稳定，右腿向上踢，脚尖朝上，双臂向身体两侧打开。

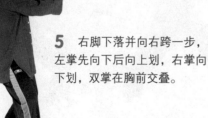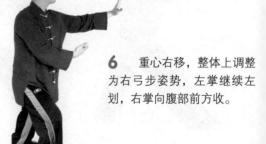

5 右脚下落并向右跨一步，左掌先向下后向上划，右掌向下划，双掌在胸前交叠。

6 重心右移，整体上调整为右弓步姿势，左掌继续左划，右掌向腹部前方收。

7 左脚向右脚收回，左掌向下摆，右掌从腹部前方向上抬至高于头顶。

8 左膝上提，左脚尖朝下，双掌在胸前交叠。然后左脚向上踢，脚尖朝上，双臂向身体两侧打开。

9 左腿收回，脚尖朝下。

第三十式
搂膝拗步

1 接上式。左腿放下，双腿并立屈膝，右掌在身体右侧向上翻，左臂向右屈肘，目视右侧。

2 右腿支撑身体，左腿上提，脚尖朝下，左掌下划至腹部前方，右掌上划至头部右侧，目视正前方。

3 左腿向前放下，脚跟先着地，右腿屈膝，左掌向前划，目视左前方。

4 整体上调整为左弓步姿势，左掌收于腰侧，右掌向前推。

5 向左转体，左腿撑地，右腿上提，脚尖朝下。左臂上抬，左掌向上翻，右掌沿弧线经胸前向右下方划。

6 身体向右转，右脚向前迈一步，呈右弓步姿势。左掌前推，掌心朝外；右掌下按，掌心朝下。

第三十一式
上步擒打

1 接上式。重心后移，左膝屈曲，右脚尖上抬，左掌向上翻并向后收回，右掌向上抬。

2 重心前移，右脚踩实，左脚向右脚收回，左膝微屈，左掌收至胸前后向下移，移至腹部前方后向上、向外挥，右掌向上抬至肩前。

3 左脚向前迈一步，左掌向上、向前伸出并变为拳，右掌收于腰侧并变为拳。

4 重心前移，整体上调整为前弓步姿势。左拳向内收，右拳向左拳上方打出。

第三十二式
如封似闭

1 接上式。右脚向左脚收回，重心下沉，双拳变双掌，掌心朝内。

2 右脚收至左脚右侧，保持重心在右腿，左腿向上抬起。双掌虎口相对并向胸部收回。

3 左脚向前一步，脚跟着地；同时双掌向下按压。

4 重心前移，左脚踩实，整体上呈左弓步姿势，双掌顺势向前上方推。

第三十三式
左云手

1 接上式。重心移至右腿，上身向右转，右掌随之向右划，左掌向下划至髋部前方。

2 上身向右转，右掌向前推。然后重心左移，上身转回；同时左掌向上划，右掌向下划。

3 右脚向左脚收回，上身稍稍向左转；同时双掌划至身体左侧。

4 左脚向左迈一步，右膝微屈，左脚尖点地；同时右掌上划并前翻，掌心朝外，左掌下划至身侧，目视右掌。

5 上身稍稍右转，身体重心左移，此时双掌划至身体右侧。

6 重心进一步左移，左掌上划至头部前方，右掌下划至身侧，目视左掌。

7 右脚向左脚收回，双膝微屈，重心下沉；同时双掌划至身体左侧，目视左掌。

8 左脚朝左横跨，重心右移，双掌划至身体右侧。

9 重心移至左腿，右脚向左脚收回；同时双掌划至身体左侧。

第三十四式 右撇身捶

1 接上式。右脚踩实，重心后移，抬起左脚，左掌向上翻，右掌向下翻。

2 左脚向后撤一步，上身向左转，双掌向下划。右脚向左腿收，脚尖点地。左掌下划至腹部前方后向上划，右掌下划至腹部前方变拳。

3 右脚向右前方跨一步，右拳架于头部前方，左手向后收于胸前并搭在右臂内侧。上身向右转，重心前移。

4 重心移至右腿，整体上调整为右弓步姿势，右拳由内向外撇打。

第三十五式
左右穿梭

1 接上式。重心后移，右拳变掌，双掌向左挥，上身稍稍向左转。

2 重心前移至右腿；同时左掌向前伸，右掌向后收回。

3 左脚向右脚收回，双掌下划至髋部前方。接着左脚向左迈一步，双掌上移至胸前且掌心相对（右掌在里，左掌在外）。然后身体向左转，右手搭于左臂内侧，随之转动，整体上调整为左弓步姿势，最后右脚向左脚收回，且脚尖点地、脚跟抬起。

4　上身向右转；同时左臂屈曲，左掌移至头部前方，右掌收于腰侧。

5　左脚向左前方跨一步，重心下降，双臂左上右下，向外架掌。

6　上身向左转，右掌向前推。接着重心移至右腿，上身向右转，双掌向右挥，左掌心朝上，右掌心朝下，均与肩齐高。然后右脚向左脚收，双掌先向内收后向下移。最后上身稍稍向左转，右脚向右迈一步，重心位于左腿，左膝屈曲，双掌向上移。

7　重心移至右腿，整体上呈右弓步姿势。右掌向右挥，左掌搭于右臂内侧。接着左脚向右脚收回，上身向右转，双掌继续向右挥。然后重心移至左腿，右脚向右迈一步，上身向左转，右掌上移至头部上方，左掌收于腰侧。最后重心移至右腿，上身向右转，整体上调整为右弓步姿势，左掌向前推。

第三十六式 退步穿掌

1 接上式。重心后移，左腿支撑身体，左掌向左挥，右掌沿弧线向下划。

2 右脚向左脚收，上身向左转，左掌收于腰侧，右掌向左挥。然后右脚向后撤一步，整体上调整为左弓步姿势，左掌向上、向前伸，右掌向胸前收回。

第三十七式 虚步压掌

1 接上式。重心后移，左脚跟着地，上身向右转。

2 左脚踩实并旋转至脚尖朝前，右脚脚尖向右前方旋转，左肘向内侧收。

3 右脚上提，脚尖着地，上身右转，左掌下压至头部前方。

4 向前俯身，双膝屈曲，保持虚步。双手掌心朝下，靠肩部力量向下压掌。

第三十八式
独立托掌

1 接上式。双掌沿弧线，从右向左上方划，右腿上抬。

2 右膝上提，左腿伸直；同时右掌上翻前托，左掌向左、向上挥。

第三十九式
马步靠

1 接上式。右脚下落并向前跨，脚跟着地，右手翻掌向下按压，左掌向右挥摆。

2 右脚踩实并向右旋转，左脚尖着地，上身向右转，左臂屈肘，右掌向下划至髋部右侧。

3 左脚向右脚收，左掌向下划并变为拳，右掌向上划。接着左脚向左跨一步，右膝屈曲，右掌向胸前收回。最后重心左移。

第四十式
转身大捋

1 接上式。保持身形稳定，右掌竖起，掌心向左，上身随之左转。

2 左拳变掌，双掌上抬至约与肩齐高后向右捋。

3 左脚脚尖朝前，两掌经胸前右下方向左捋。

4 左脚撑地，重心上提，右脚收向左脚，双膝微屈。左掌掌心朝外，右掌掌心朝上，继续向左捋。

5 身体左转，右脚上步，双掌跟随左捋。

6 双腿由屈膝变为直立，挺胸，双掌捋向身体前方。

7 接着左腿后撤一步，呈右弓步姿势；同时右掌外翻，左掌下移。

8 身体重心下降，保持身形稳定，双臂屈肘，双掌变拳。

第四十一式 撩掌下势

1 接上式。重心左移，上身稍稍向左转，左拳收于腰侧，右拳向左摆。重心右移，左拳收至腰后，右拳架在头前。

2 然后重心继续右移，右拳向右挥，左拳向左划。

3 重心左移，整体上调整为左弓步姿势，左拳向上划，右拳向下划。接着右脚向左脚收回，双膝稍稍屈曲，右拳变掌并向上划，左拳变掌并搭于右臂。

4 重心位于右腿，左脚上抬，上身向右转，双掌随之上摆。

5 下身保持不动，右掌向前推。

6 下身保持不动，右掌变钩手。

7 左腿向左跨一大步，右腿屈膝下蹲，左掌下落至髋部前方。

8 重心左移，身体向左转，整体上调整为左弓步姿势。左掌向左上方划，右钩手向下落并翻腕。

第四十二式 上步七星

1 接上式。双腿向上伸展站起，右脚向左脚收回，脚尖朝下。左掌保持不变，右钩手变掌并向身体前方收回。

2 右脚向前迈一步，脚尖着地，双手变拳，在胸前交叠。

第四十三式 独立跨虎

1 接上式。右脚向后撤一步，双拳变双掌，右掌向下挥。

2 重心移至右腿，上身向右转，左掌下压，右掌上举。

3 稍稍抬起左脚。接着左脚落下，脚尖着地，屈膝下蹲，右掌收至左掌上方，掌背相对。最后左膝上提，左脚向内踢，双臂向两侧打开，左掌变钩手。

4 上身左转，双臂侧平举，右掌立掌。

第四十四式 转身摆莲

1 接上式。身体右转，左脚落于右脚前方，左钩手变掌，右掌收回至腰侧。

2 左脚撑地，身体向右后方转，右掌上抬并跟随右捋，左掌同样跟随右捋至右臂内侧。右脚向右迈一小步，脚尖点地，双掌继续右捋至掌心向右。

3 右脚向前踢，双臂上抬并向胸前摆，掌心朝前。

4 右腿屈膝收回，脚尖向下，双掌左摆。

第四十五式
弯弓射虎

1 接上式。右脚落在身体右后方，脚跟着地，左腿屈膝。

2 待右脚踩实，重心右移，上身向右转，双臂随之摆向身前，掌心朝下。

3 上身继续向右转，双臂随之向右摆。

4 上身稍稍向左转，整体上呈右弓步姿势。双臂先上摆至肩部高度，然后双掌变拳，继续上摆至身体右前方。

第四十六式 右搬拦捶

1 接上式。身体重心上升，双拳变掌，右手搭于左臂内侧。

2 身体左转，重心放在左腿，变为左弓步，左掌向下划，右掌向上划。

3 右脚收向左脚，并向上提起，右掌变拳下摆至髋部前方，左掌上划至头部上方。

4 右腿向上提起，脚尖朝下。右臂屈肘，将右拳收向身前，左掌下压，掌心向下，目视右侧。

5 右脚向前落下，脚跟着地，右臂向前伸展，左掌向后划。

6 右脚踩实，身体重心前移，左脚跟抬起，双膝微屈，左掌向上划至与肩齐高。

7 左脚向前迈一步，脚跟着地，左臂稍稍屈肘并向身前回收，右拳收至腰间。

8 左脚踩实，左腿屈膝，右拳从腰间向胸前位置打出。

9 右腿伸直，呈左弓步，右拳贴近左掌向前打出。

第四十七式
右掤捋挤按

1 接上式。左脚尖抬起，右腿屈膝，右拳变掌，左掌向下划。

2 上身向左转，右脚向左脚收回，右掌向下划，左掌向上划，双掌在身前呈抱球状。

3 右脚向右迈一步，上身向右转，整体上呈右弓步姿势。右掌向上划，左掌向下按压。

4 双臂先向右摆，后自前向后捋。双臂右上左下，掌心相对；同时重心随身体动作而后移。

5 上身向左转，双臂随之捋至身体的左侧。

6 上身向右转，双掌在胸前交叠并向前推，顺势将重心前移，整体上呈右弓步姿势。

7 重心后移，左膝屈曲，双掌向下翻，先收至胸前后下压至腹部前方。注意双掌运动的轨迹为弧形。

8 双掌向上、向前推；同时重心前移，最后变为右弓步姿势。

第四十八式 十字手

1 接上式。右腿蹬直，右脚跟着地。上身向左转，重心左移，左臂随之向左摆。

2 重心移至左腿，整体呈左弓步姿势，左臂继续向左摆至约侧平举，双手掌心皆朝外，目视左掌。

3 重心右移，同时双掌向身前收回并于腹部前方交叠，掌心朝上。接着伸膝站起，左脚向右脚收回，双掌上抬至胸前。

4 左脚踩实，重心移至双腿中间。

收势

1 接上式。保持下身姿势不变，双掌分开并向下翻，掌心朝下。

2 在手臂的带动下，双掌向下落，此时掌心朝外。

3 双掌下落至双体侧，手臂伸直，随即伸膝站直。

第五章

42式太极剑

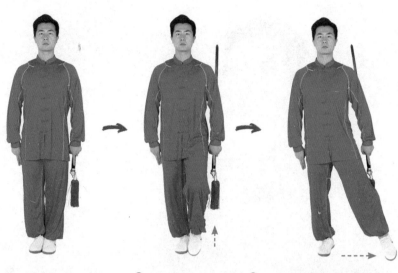

第一式
起势

1 两脚并拢站立，双手自然下垂，轻触两腿外侧；左手握剑，剑身贴左臂后侧，右手剑指；下颌微内收。

2 左脚提起，脚尖点地。

3 左脚离地向左侧横开步；同时左手握剑跟随身体稍稍左摆，身体重心左移。

4 保持双臂姿势不变，左脚落地踏实。

5 上身左转约45度。

6 双手缓慢向前平举。

7 双手平举至与肩同高，掌心向下。

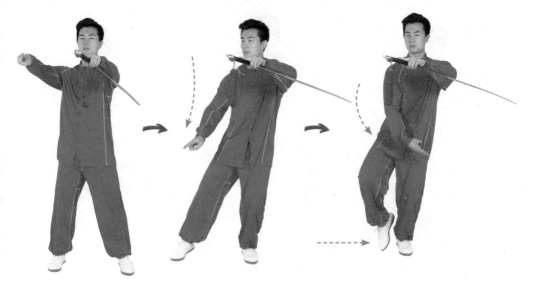

8 上身向右转向正面，双手手势不变，并随上身转回正面。

9 上身略右转，右脚跟提起；同时右手剑指先向右、向下画弧至身体右前方，左手持剑，右摆后屈肘置于体前，腕同肩高，掌心朝下。

10 右脚收提至左脚内侧，右手剑指向左画弧至腹部左前方，掌心朝上，与左手掌心相对。

11 右脚向右前方约45度方向上步。目视右前方。

12 屈右膝，右手剑指经左臂下方，沿左臂向右上方摆举。

13 右臂摆举至右肩的右前方，右臂微屈，掌心斜朝上；同时左脚贴向右脚内侧。

14 重心移向右腿，上身左转，左脚向左前方迈出；同时右臂屈肘，右手剑指向左、向上靠近右前额；左手持剑，小臂下沉，带动剑尖指向左后方。

15 左腿屈膝；同时左手持剑向左、向下搂至左膝外侧，剑尖朝向左后上方。

16 左腿向左前方顶膝，成左弓步；右手剑指经右耳旁向前指出，掌心朝前，指尖朝上，腕同肩高，目视左前方。

第二式
并步点剑

1 接上式。右脚收提至左脚内侧，重心前移；同时左手持剑，剑柄朝上，向上、向前穿出，经胸前向右腕靠近。

2 右脚向右前方迈步，落地后双膝微屈；同时上身右转，双手分别同时向左、右两侧摆举。

3 左脚收向右脚；同时双手从身体两侧向下画弧置于髋部两侧，掌心均朝下，目视前方。

4 上身左转，左脚向左前45度上步，重心跟随前移。

5 屈膝，同时双手分别向左、右两侧摆举。

6 左脚踏实，左膝前顶成左弓步，双手从身体两侧向身体前方画弧聚拢，最终在胸部前方相合，剑身贴靠左前臂，剑尖朝左后方。

7 右手剑指沿剑柄向左划，直至虎口对准剑柄，接剑，目视前方。

8 右脚向左脚并步，屈膝半蹲；同时右手接握剑柄，并以腕关节为轴，使剑尖由身体左后方经上方向前画弧，至腕与胸高，左手变剑指附于右腕内侧。

9 右手提腕，使剑尖向前下方点剑，目视剑尖方向。

第三式 弓步削剑

1 接上式。重心稍稍提升，左手剑指经身前向下、向左、再向前指出，掌心斜朝前，指尖朝上。

2 右腿向后伸展打开，成左弓步；同时右臂小臂顺时针转动，带动剑从左下方，经右上方画弧，再向左下方削剑。

3 身体右转约90度，同时右手握剑从身体左下方摆向右上方；左手剑指左摆。

4 身体继续右转约90度，右手握剑继续流畅右摆，直至右臂与身体在同一平面，剑尖指向右侧，腕同肩高，左手剑指姿势不变，目视剑尖方向。跟随身体的右转，双腿转换为右弓步姿势。

第四式 提膝劈剑

1 接上式。上身继续略向右转，同时左腿屈膝，身体重心后移，右腿伸直。

2 右手向后翻腕，握剑屈肘向右、向后画弧至身休侧右后方，掌心朝上，腕高于肩；左手剑指向前、向右画弧摆至右肩前，掌心斜朝下。

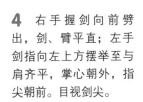

3 左腿屈膝提起成右独立步；同时右手持剑向前、向上画弧，左手剑指向下画弧置于左侧髋部旁，掌心朝下。

4 右手握剑向前劈出，剑、臂平直；左手剑指向左上方摆举至与肩齐平，掌心朝外，指尖朝前。目视剑尖。

5 右手握剑以手腕为轴，将剑尖向下转动；左臂向身前屈肘。

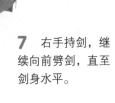

6 右手握剑继续向左上方转动，直至剑尖指向左方；左手向右画弧，贴于右肘内侧。双腿保持右独立步姿势。

7 右手持剑，继续向前劈剑，直至剑身水平。

第五式 左弓步拦剑

1 接上式。右腿屈膝半蹲，上身略左转，左脚向左后方落地，脚跟着地；同时右手握剑以腕关节为轴使剑尖从身体右前方向左前方画弧。

2 左脚全脚掌着地，上身左转；右手持剑继续向左前方画弧，左手剑指从身体右前方经腹部向左前方画弧。

3 右手握剑继续划向左前方，肘部逐渐打开，掌心朝上，腕略高于腰；左手剑指继续由左前方向后、向上画弧，直至位于头部左上方，掌心朝外。

第六式 左虚步撩

1 接上式。右腿屈膝，重心稍后移，左脚尖翘起并稍微外展；同时右手提剑划向左上方，与左手靠近。

2 重心再向前移至左腿；同时上身稍稍左转，右手持剑继续向左上方画弧，左手剑指贴右腕。

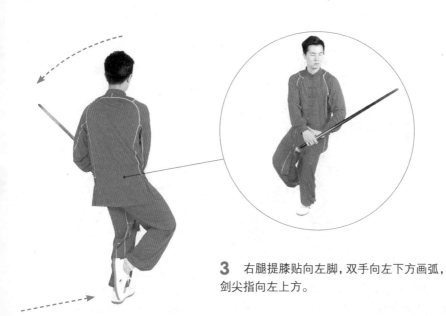

3 右腿提膝贴向左脚，双手向左下方画弧，剑尖指向左上方。

4 右脚向右前方上步，脚尖着地，上身略右转；同时两臂保持架起的姿势，向右上方撩剑画弧。

5 左脚贴向右脚；同时上身右转，两臂继续划向右上方。

6 左脚向左前方上步成左虚步；两臂向右上方划，直至剑身撩至头部前上方，且右臂微屈，掌心朝外，剑尖略低于手。目视前方。

第七式 右弓步撩

1 接上式。身体略向右转，左脚稍稍向左上步，脚跟着地；同时右手握剑下落，剑尖向上，左手剑指贴在右肘。头随剑转向右侧。

2 左脚尖外展落地踏实，屈左膝，重心移至左腿，身体左转；同时右手握剑，以剑柄为先，向左下方画弧。左手剑指跟随身体左转，经腹部前方画弧至身体左侧。

3 身体继续左转，右脚贴近左脚；同时右手握剑经右下方向前方撩剑，左手剑指向左上方画弧。

4 右脚向前迈一步，上身稍稍左转，左手剑指继续向左上方画弧，左臂成弧形举于头部左上方。

5 右脚踏实，屈膝成右弓步姿势；同时右手继续握剑向前撩剑，直至剑身约水平，与肩齐高，掌心向上。目视前方。

第八式 提膝捧剑

1 接上式。左腿屈膝半蹲，右脚脚尖抬起，重心后移，身体略向左转；同时右手握剑随转体向左平带，掌心向上，腕同肩高，剑尖朝前；左手剑指屈肘下落附于右腕处，掌心向下，目视剑尖方向。

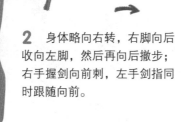

2 身体略向右转，右脚向后收向左脚，然后再向后撤步；右手握剑向前刺，左手剑指同时跟随向前。

3 身体重心后移成左虚步，同时两手向身体两侧打开。

4 右手握剑向下、向右画弧至右侧髋部旁，左手剑指向下、向左画弧至左侧髋部旁，掌心向下。

5 左脚踏实，重心前移，左腿直立，右腿屈膝提起，形成左独立步；同时双手向身前靠拢捧剑。

第九式
蹬脚前刺

1 接上式。左腿屈膝，重心下降，右腿及两臂顺势向下、向内画弧。

2 左腿再次用力蹬直，右腿向胸前提膝，两臂提至胸前。

3 右脚向上勾脚，再迅速向前蹬出，右腿蹬直；同时双手捧剑略回引再向前平刺，目视剑尖方向。

第十式
跳步平刺

1 接上式。右脚落地屈膝，重心下降，左腿顺势屈膝，脚尖点地，双手捧剑置于右腿之上。

2 左脚后摆，右脚落地踏实，双手向前平刺。

3 左脚向前落步，同时两手向身体两侧打开。

4 右脚再向前跳出一步，成右弓步姿势；左手剑指向下、向左、再向上画弧至头部左后方，右手握剑向前水平刺出。

第十一式
转身下刺

1 接上式。左腿屈膝，向左转体，右腿自然伸直，脚尖上翘；同时右手握剑向左平带，掌心向上。

2 屈右膝，左腿伸展，身体重心右移；同时右手握剑向右平带至右侧髋部旁，剑尖斜向下，左臂屈肘收至胸前，左手剑指贴于右胸前。

3 以右脚掌为轴身体向左后方转体约90度，左腿屈膝提起收至右腿内侧，脚不着地。双手姿势不变。

4 继续向左后方转体约90度。

5 向左后方转体约90度，左脚向左前方落步成左弓步，然后右手握剑向左前下方刺出，掌心朝上；同时左手剑指向左、向上画弧，左臂成弧形举于头部左上方，目视剑尖方向。

1 接上式。重心前移，右脚收于左脚内侧后，再次后撤。右手握剑，沿顺时针轨迹转腕，向左、向上撩剑。

2 上身前倾，右手握剑，继续沿顺时针轨迹转腕，向右、向下撩剑至右下方，掌心斜向上；左手剑指屈肘向前附于右前臂腕后，目视剑尖。

3 左脚碾步内扣成右横裆步，身体右转约90度；同时右手握剑向右平斩；左手剑指向左分展侧举，略低于胸，掌心向左，指尖朝前。目视剑尖。

4 继续向右转体，右腿顶膝成右弓步；右手握剑平斩至右肩的正前方。

1 接上式。重心左移，身体左转90度；同时右手握剑，以剑柄领先，屈肘向左带剑至面前，左手剑指以弧形左摆至身体左侧，掌心向下。

2 重心右移；同时右手持剑，以剑柄领先，向内、向右画弧；左手剑指向上摆举。

3 左腿经右脚向右后方插步；右手握剑继续向右画弧至身体右侧；左手剑指继续上举，腕高于头，掌心向上，目视右侧。

4 双腿向下蹲坐；同时右手握剑向右前方平举，约与肩同高。

5 保持双手姿势，双腿直立，向上站起。

6 重心移至左腿，右腿屈膝提起；同时两前臂向内画弧合于胸前，剑尖朝前；左手剑指附于右手之上，目视前方。

7 然后右脚向右落步。

8 屈双膝，上身略左转；双手向左下方画弧至左侧髋部旁。

9 身体回正，然后上身快速右转，右手握剑顺势右摆崩剑，力贯剑身前端；同时左手剑指向左展开，掌心朝外。

10 右手继续右摆崩剑，直至腕同肩高，剑尖朝右且高于腕，右臂微屈。目视剑尖。

第十四式

歇步压剑

1 接上式。右脚尖抬起，身体稍稍左转，右手握剑下压。

2 身体左转，右腿收向左腿，右脚不落地，重心转移至左腿；右手握剑向左上方提剑。左手剑指向左后方画弧，指尖朝后。

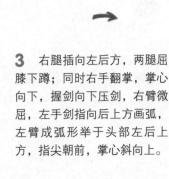

3 右腿插向左后方，两腿屈膝下蹲；同时右手翻掌，掌心向下，握剑向下压剑，右臂微屈，左手剑指向后上方画弧，左臂成弧形举于头部左后上方，指尖朝前，掌心斜向上。

4 两腿继续屈膝下蹲成歇步；右手继续握剑下压至剑几乎触地。目视剑尖。

第十五式
进步绞剑

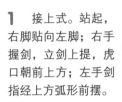

1 接上式。站起，右脚贴向左脚；右手握剑，立剑上提，虎口朝前上方；左手剑指经上方弧形前摆。

2 右脚向前上步成右虚步；右手继续握剑上提，腕同肩高，剑尖指向前下方；左手继续右摆，置于右前臂内侧，掌心向下。

3 右脚向前上步，脚跟着地，重心前移；同时右手握剑，逆时针绞剑；左手剑指向左画弧侧举，掌心向外，指尖朝前。

4 一边绞剑，一边右脚全脚掌落实。目视剑尖。

5 左脚向前上步，脚跟落地，重心前移。右手握剑再次向左、向下绞剑；左手剑指动作不变，目视剑尖。

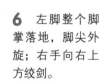

6 左脚整个脚掌落地，脚尖外旋；右手向右上方绞剑。

7 随后右脚向前上步，重心前移，右脚跟着地；同时右手握剑收至右侧髋部前方。

8 右脚踏实，身体重心前移，屈膝成右弓步姿势；同时右手握剑向前送出。左手姿势保持不变。

第十六式 提膝上刺

1 接上式。重心后移，上身略左转，左腿屈膝半蹲，右膝伸展；同时右手握剑屈肘回抽带至左腹前，掌心向上，剑身平直，剑尖朝右；左手剑指附于剑柄上；目视剑尖。

2 身体向右旋转，两手从身前向右下方画弧至右侧髋部旁。

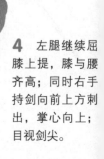

3 右腿自然直立，左腿屈膝提起成右独立步；同时右手握剑上摆至胸部右下方；左手剑指仍附于右前臂内侧。

4 左腿继续屈膝上提，膝与腰齐高；同时右手持剑向前上方刺出，掌心向上；目视剑尖。

第十七式
虚步下截

1 接上式。身体稍稍左转，右腿屈膝半蹲，左脚向左落步，脚跟着地；同时右手握剑随转体屈肘，剑柄领先，向左上方带剑，掌心朝里，腕同头高，剑尖朝右；左手剑指向左下方画弧。

2 身体继续稍稍左转；右手带剑至脸部前方；左手画弧至左侧髋部旁，掌心斜向下。

3 重心左移，左脚逐渐踏实，屈膝；同时右手握剑继续向左下方带剑。

4 右脚贴向左脚，脚不挨地；同时右手握剑，向右下方截剑至右侧髋部旁；左手剑指向上画弧。

5 右脚向右前方移半步，脚尖点地成右虚步，上身右转；右手握剑继续向右下方截剑，剑尖向左前方，与膝同高，力贯剑身下刃。左臂成弧形举于头部左上方，掌心斜向上。目视右侧。

第十八式 右左平带

1 接上式。右腿屈膝提起，右脚脚尖下垂；同时右手握剑立刃向前、向上送。

2 右手继续向上送剑，直至剑柄位于胸前上方，右臂自然伸直，剑尖向下；左手剑指下移附于右前臂内侧。

3 右脚向右后方落步，身体向右转，形成左弓步，右手握剑，沉腕，剑压平。

4 随着身体的右转，右手握剑顺势经胸前向右前方平带，左手跟随右臂向右，肘部逐渐打开。

5 继续向右转体，直至左腿完全伸展开，成右弓步姿势。

6 重心前移，左脚向右脚靠拢；右手握剑，向身体方向带剑；左手跟随右手一起移动。

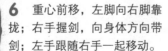

7 左脚贴向右脚；右手握剑向后微屈肘至右侧髋部旁，剑尖朝前。

8 左脚向左跨步，脚跟着地。

9 左脚逐渐踏实，左膝前顶，上身向左转；同时右手握剑经胸前向左前方平带；左手剑指经下方向左后上方画弧。

10 右腿伸展开，成左弓步；右手继续向左带剑至左肋前；左臂成弧形，左手举于头部左上方，掌心斜向上。目视右侧。

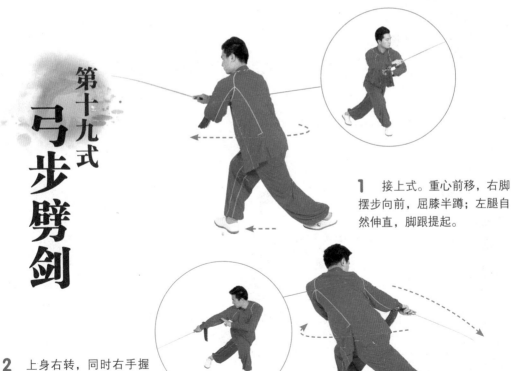

第十九式
弓步劈剑

1 接上式。重心前移，右脚摆步向前，屈膝半蹲；左腿自然伸直，脚跟提起。

2 上身右转，同时右手握剑向右后方下截；左手剑指屈肘向下附于右肩前，掌心斜向下。目视剑尖。

3 上身左转，左脚前迈；同时右腕翻转，掌心向上，将剑向上提起；左手剑指向下画弧至腹部前方。

4 上身左转，左腿屈膝前顶；右手向前带剑；左手剑指画弧至髋部左侧，指尖向前。

5 右腿蹬直；右手握剑经上方向前劈剑，剑柄与肩同高，剑尖略低于腕；左手剑指向左上方画弧，左臂成弧形举于头部左后上方，掌心斜朝外，目视前方。

第二十式 丁步托剑

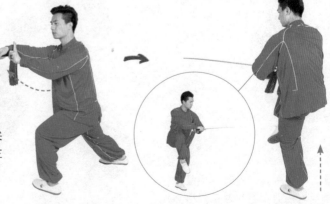

1 接上式。左脚尖内扣；左臂屈肘，左手剑指右摆。

2 上身右转，右腿屈膝上提成左独立步，右手握剑向右后方截剑；同时左手剑指贴于右前臂内侧。目视剑尖。

3 上身继续右转，右手握剑继续截剑至髋部右侧，右臂打开，剑尖指向右下方；左手剑指继续贴于右臂内侧。

4 右脚向前落步，屈膝半蹲。左脚跟步至右脚内侧，脚尖点地成左丁步；同时右手握剑向前、向上托剑，托至腕部与肩平。剑尖朝右，左手剑指附于右腕内侧。

第二十一式 分脚后点

1 接上式。右脚踏实后，左脚向左前方上步，左手剑指贴在右腕内侧，右手保持托剑姿势。

2 左脚踏实，脚尖内扣，膝微屈，上身右转约90度，右手持剑顺势将剑尖压向右下方。

3 上身继续右转，右脚外旋；同时右手握剑使剑尖向右、向下画弧。

4 右脚向右撤步，右腿伸直，左脚以脚跟为轴，脚尖内扣碾步，屈膝；右手握剑向右下方画弧至腕与肩同高，掌心斜向上，剑尖斜向下。

5 上身继续右转，屈右膝；双手向两侧打开。

6 重心右移，右腿屈膝前顶成右弓步；同时右手握剑沿右腿内侧向右刺出，与肩同高，左手剑指向左后方摆举，与肩同高，掌心朝前，目视剑尖。

7 重心前移，左脚向右脚并步；右手握剑，剑柄领先，向上、向左画弧带剑至头部左上方；左手剑指向右下方画弧，贴于右腕内侧。

8 两腿屈膝半蹲，上身略左转；右手握剑向下画弧至左侧髋部旁，掌心朝内，剑尖朝向左上方；同时左手剑指跟随右手下落。目视左侧。

9 重心上提；同时右手握剑，以剑柄领先，向右后上方画弧；左手剑指扶剑身。

10 上身右转，然后左腿自然伸直，右腿屈膝提起，脚尖自然下垂；右手握剑继续向上画弧；左手剑指一直扶在剑身，直至剑身被抽离。

11 右手握剑向上画弧至腕部位于头部右后方，掌心朝右，剑尖朝向前下方；左手待剑抽走后，向前、向上画弧抬起。

12 右脚向前摆踢成分脚式；同时上身略向右拧转，右手握剑经上方向右后方点剑，腕同肩高；左手剑指继续划向左上方，左臂成弧形举于头部左上方，掌心斜朝上，目视剑尖。

第二十二式

仆步穿剑

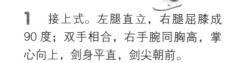

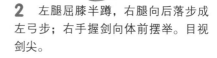

1 接上式。左腿直立，右腿屈膝成90度；双手相合，右手腕同胸高，掌心向上，剑身平直，剑尖朝前。

2 左腿屈膝半蹲，右腿向后落步成左弓步；右手握剑向体前摆举。目视剑尖。

3 身体重心后移，上身右转；右手握剑屈肘经胸前向右摆举斩剑。

4 双脚以脚掌为轴碾步，身体右转约90度，双腿屈膝；右手继续向右斩剑至身体右侧，右臂微屈，掌心向上，剑尖略高于腕；左手剑指向左分展侧举，与肩同高，左臂微屈，掌心朝外，目视剑尖。

5 重心左移，屈左膝成左横弓步，上身略左转；右手握剑屈臂上举至头部前方，掌心朝内，剑身平直，剑尖朝右；左手剑指向上摆举，附于右腕内侧，左臂成弧形，掌心朝前，目视剑尖方向。

6 左腿屈膝全蹲成右仆步，上身略右转；右手握剑向下置于裆前，掌心朝外，使剑落至右腿内侧，剑尖朝右；左手剑指仍附于右腕处。

7 重心右移，身体右转；同时右手握剑沿右腿内侧向前穿出；左手剑指附于右腕内侧。

8 左脚尖内扣碾步成右弓步，身体右转；右手握剑继续向前上方穿出，腕略高于肩，右臂自然伸直；左手剑指从右腕处自然划向小臂内侧。目视前方。

第二十三式 蹬脚架剑

1 接上式。双手向右下方压剑。

2 右腿从弓步逐渐伸膝，左脚贴向右脚；同时右手持剑，以剑柄为先，向右上方带剑，左手剑指屈肘附于右前臂内侧，掌心朝右。

3 右腿伸直，左腿提膝抬起，成右独立步；同时右手握剑继续向右上方带剑至头部右上方，掌心朝外，剑尖朝前。

4 左脚向前蹬出；同时左手剑指向前指出，左臂自然伸直，腕同肩高，掌心朝前，指尖朝上；右手持剑继续带向头部右后方。目视左手剑指方向。

第二十四式 提膝点剑

1 接上式。左腿以膝部为轴，小腿下摆，脚尖自然下垂；同时右手握剑向右带。左臂向身前屈肘。

2 右手握剑经头部前方向右肩位置画弧，掌心朝外。左手剑指向右画弧至胸部右前方。目视右前方。

3 右手以手腕为轴，向下点剑。目视右前方。

117

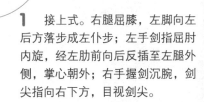

第二十五式 仆步横扫

1 接上式。右腿屈膝，左脚向左后方落步成左仆步；左手剑指屈肘内旋，经左肋前向后反插至左腿外侧，掌心朝外；右手握剑沉腕，剑尖指向右下方，目视剑尖。

2 身体左转的同时，右手握剑向左平扫，腕同腰高；左手剑指摆向左后方。

3 右腿蹬直，成左弓步，身体左转；右手握剑继续向左平扫，掌心向上，右臂微屈，剑尖朝向前下方；左臂成弧形，左手举于头部左上方，掌心向上，目视剑尖。

第二十六式 弓步下截

1 接上式。身体重心前移；同时右手握剑内旋画弧拨剑，腕同腰高，掌心向下；左手剑指向脸部前方屈肘下落。

2 右脚上前贴向左脚内侧，脚不挨地；右手持剑继续向左下方拨剑，剑尖朝向左前下方；左手剑指继续下落，附于右腕外侧，掌心向下，目视剑尖。

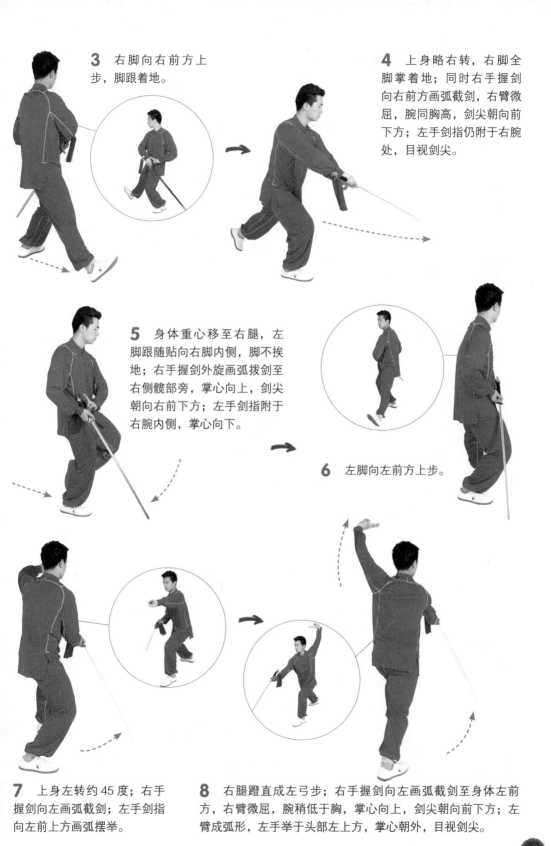

3 右脚向右前方上步，脚跟着地。

4 上身略右转，右脚全脚掌着地；同时右手握剑向右前方画弧截剑，右臂微屈，腕同胸高，剑尖朝向前下方；左手剑指仍附于右腕处，目视剑尖。

5 身体重心移至右腿，左脚跟随贴向右脚内侧，脚不挨地；右手握剑外旋画弧拨剑至右侧髋部旁，掌心向上，剑尖朝向右前下方；左手剑指附于右腕内侧，掌心向下。

6 左脚向左前方上步。

7 上身左转约45度；右手握剑向左画弧截剑；左手剑指向左前上方画弧摆举。

8 右腿蹬直成左弓步；右手握剑向左画弧截剑至身体左前方，右臂微屈，腕稍低于胸，掌心向上，剑尖朝向前下方；左臂成弧形，左手举于头部左上方，掌心朝外，目视剑尖。

第二十七式 弓步下刺

1 接上式。身体重心移至左腿，右脚贴向左腿内侧，脚不挨地；左手剑指附于右腕内侧。

2 右脚下落震脚，屈膝半蹲，上身略右转；同时右手握剑屈肘回带至右肋前，掌心向上。左手剑指先前伸，然后随右手回带屈肘附于右腕内侧。掌心向下，目视剑尖。

3 随身体重心前移，左脚向左前方上步。

4 左腿向前顶膝成左弓步，上身略左转；同时右手握剑向左前下方刺出，腕略高于腰，掌心向上；左手剑指仍附于右腕内侧，掌心向下，目视剑尖。

第二十八式 右左云抹

1 接上式。身体重心前移，右手握剑内旋，使剑沿顺时针下沉画弧；左手剑指内旋向下画弧。

2 右脚上前贴近左脚内侧，脚不挨地，身体略左转；左剑指再外旋向左上方画弧至头部左前方。目视剑尖。

3 随后右手握剑继续向左下方画弧削剑，左手剑指从左向右画弧。右脚向右上步，脚跟点地。

4 右脚向右前方落地的同时，向右转体，重心前移，左脚向上提起，向前踢步；同时右手握剑从身体左下方，经身前向右上方画弧。

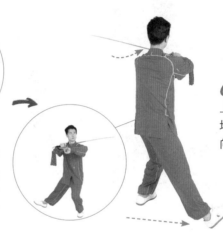

5 然后左脚向前落地，右腿屈膝贴向左脚；同时右手向左屈肘带剑，左手剑指贴向右腕内侧。

6 右脚向右上步，脚跟点地；右手握剑向右云抹。

7 上身右转，左腿蹬直，右脚踏实，右腿屈膝，成右弓步，降低重心；同时右手握剑向右云抹至右前方，掌心向下；左手剑指仍附于右腕内侧。

8 右脚踩地后，身体重心右移，左脚收于右脚内侧，脚不触地，身体略右转；右手握剑略屈肘右带，腕同腰高，剑尖朝向左前方；左手剑指仍附于右腕内侧，目视剑尖方向。

9 左脚向左上步，脚跟着地；同时左手剑指经前方向左画弧摆举至身体左侧；右手持剑稍稍撤向右后方。

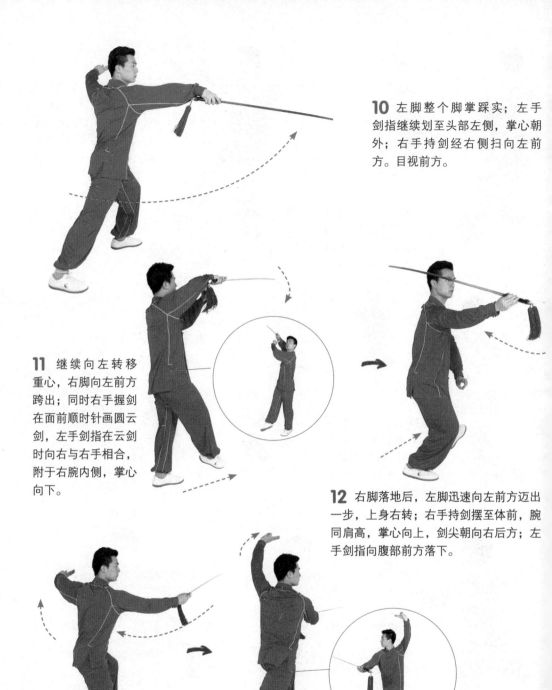

10 左脚整个脚掌踩实；左手剑指继续划至头部左侧，掌心朝外；右手持剑经右侧扫向左前方。目视前方。

11 继续向左转移重心，右脚向左前方跨出；同时右手握剑在面前顺时针画圆云剑，左手剑指在云剑时向右与右手相合，附于右腕内侧，掌心向下。

12 右脚落地后，左脚迅速向左前方迈出一步，上身右转；右手持剑摆至体前，腕同肩高，掌心向上，剑尖朝右后方；左手剑指向腹部前方落下。

13 上身左转；右手握剑向前伸送并向左抹带；同时左手剑指向左画弧。

14 左膝前顶成左弓步；右手继续抹剑直至身体左侧，腕同胸高，掌心向上，剑尖朝前；左臂成弧形举于头部前上方，目视剑尖。

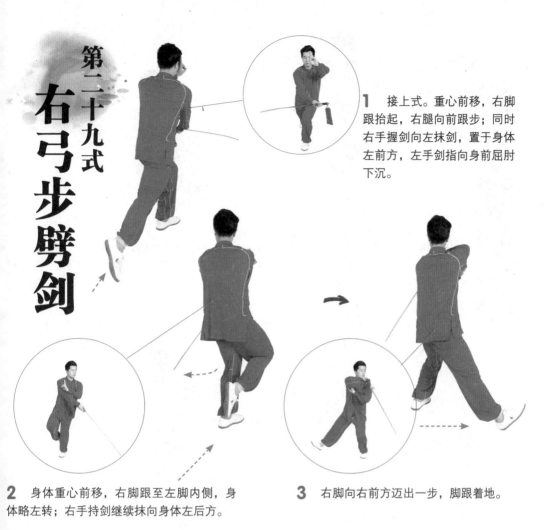

第二十九式 右弓步劈剑

1 接上式。重心前移，右脚跟抬起，右腿向前跟步；同时右手握剑向左抹剑，置于身体左前方，左手剑指向身前屈肘下沉。

2 身体重心前移，右脚跟至左脚内侧，身体略左转；右手持剑继续抹向身体左后方。

3 右脚向右前方迈出一步，脚跟着地。

4 右脚踏实；同时右手握剑，经左后方向右、向上画弧，左手剑指压向左侧髋部。

5 右膝前顶成右弓步，上身略右转；右手握剑经上方向右画弧劈剑，腕略高于肩，剑、臂约成一线；左手剑指经下方向左画弧，左臂成弧形举于头部上方，掌心朝外，目视剑尖。

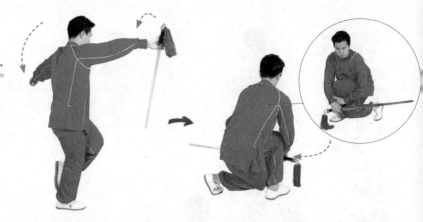

1 接上式。身体重心前移，左脚贴向右脚；右腕内旋，使剑尖朝向左下方；左手剑指屈肘下落。

2 左脚迈向右脚的右前方，上身略左转，双腿屈膝下蹲；右手握剑向左挂剑，剑尖朝左；左手剑指附于右前臂上，目视左下方。

3 身体直立站起，上身略右转；右手握剑上架；左手剑指上摆至面前。

4 右腿伸直后屈膝，小腿后举，右手握剑上架至头部前上方，手臂伸直，剑尖朝左；左手剑指经面前向左摆举。

1 接上式。右脚向右前方迈出一步，脚跟着地，右腿自然伸直，身体略右转；右手握剑从头前上方向前、向下摆，左手剑指经上方向身前画弧。

2 重心右移，身体右转，右腿屈膝半蹲，左脚跟随至右脚内侧，脚尖点地成左丁步；右手握剑向右下方点剑，腕同肩高；左手剑指经体前向右画弧，屈肘附于右腕内侧，目视剑尖。

第三十二式 马步推剑

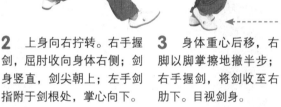

1 接上式。左脚向左后方撤步，右腿伸展；右手握剑，沉腕，将剑尖挑起；左手剑指仍附于右腕内侧。

2 上身向右拧转。右手握剑，屈肘收向身体右侧；剑身竖直，剑尖朝上；左手剑指附于剑根处，掌心向下。

3 身体重心后移，右脚以脚掌擦地撤半步；右手握剑，将剑收至右肋下。目视剑身。

4 左脚蹬地发力，随之身体重心前移，右脚向右前方上步，双腿屈膝半蹲成马步；左手剑指向左划至胸前。

5 上身左转；同时右手握剑向右前方立剑平推，腕同胸高，剑尖朝上，力贯剑身前刃；左手剑指向左推举，掌心朝外，指尖朝上。目视右侧。

第三十三式
独立上托

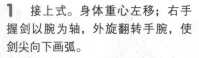

1 接上式。身体重心左移；右手握剑以腕为轴，外旋翻转手腕，使剑尖向下画弧。

2 右脚向左后方插步，脚尖着地；右手握剑从身体右侧立圆画弧至头部右上方；左手剑指向右画弧，附于右腕内侧。

3 身体右转约90度，右脚踏实；右手持剑继续向前画弧至身前。

4 身体重心后移，双腿屈膝下蹲；右手握剑，以剑柄领先向下、向右后方画弧，左手剑指屈肘附于右前臂内侧。

5 身体继续向右转约90度；右手握剑继续向右后方画弧摆举至右膝前上方，剑尖朝前。

6 右腿自然直立，左腿屈膝提起成右独立步；右手握剑，右臂内旋向上托举，右手停于右额前上方。

第三十四式 挂剑前点

1 接上式。左脚向左摆步，脚跟着地。

2 左脚全脚掌落地，脚尖外旋，右脚跟提起，上身略左转；右手握剑向左下方画弧。

3 右脚提起，准备摆步向前；右手握剑向左上方画弧；左手剑指仍附于右前臂内侧，目视剑的方向。

4 右脚前迈，先脚跟落地；同时右手握剑从左上方向右上方画弧穿挂剑。

5 右脚整个脚掌踏实，同时重心前移，上身略右转；右手握剑向右下方画弧穿挂剑，左手剑指始终附于右前臂内侧，跟随右臂一起转动。

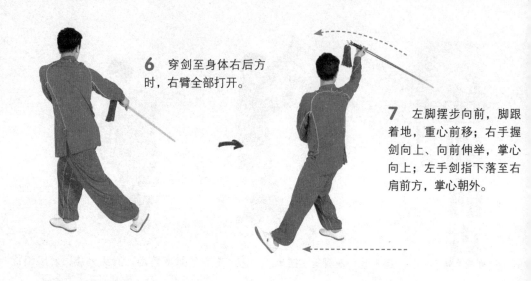

6 穿剑至身体右后方时，右臂全部打开。

7 左脚摆步向前，脚跟着地，重心前移；右手握剑向上、向前伸举，掌心向上；左手剑指下落至右肩前方，掌心朝外。

8 上身左转，重心前移，左脚踏实，屈膝；右手握剑继续前摆；左手剑指经下方向左画弧。

9 右脚向右前方上步成右虚步；同时右手握剑经上方向右前下方点剑；左臂成弧形举至头部左后上方，左手剑指掌心朝外，目视剑身。

1 接上式。右脚跟点地，左腿屈膝半蹲；右手握剑向右下方带剑，掌心朝内，剑尖朝向左上方；左手剑指屈肘下落附于右腕上，掌心向下。

2　身体重心前移，右脚尖外旋，上身稍稍右转；右手握剑，以剑柄领先，将剑带向身体右前方。

3　左脚向左前方迈出一步，向右转体约90度，右手持剑，剑柄领先，向身体右侧带剑，剑尖朝右下方；左手剑指经下方向左画弧摆举，掌心向后。

4　左腿屈膝，重心左移，身体略右转，右脚抬起，右腿伸直；同时右手握剑外旋，虎口朝上；左手剑指继续上摆。

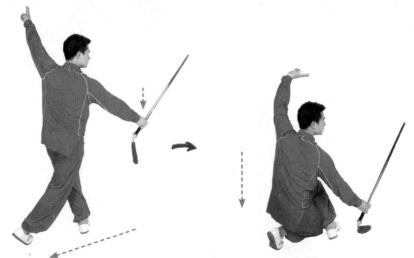

5　右脚向左后撤步；右手沉腕崩剑；左手剑指上摆。

6　左腿屈膝，重心后移并下降成歇步，身体略右转；右手崩剑至腕低于腰；左手剑指向上，左臂成弧形举于头部左后上方，掌心斜向上。目视右前方。

第三十六式 弓步反刺

1 接上式。双腿打开，身体站起。

2 右脚踏实，右腿伸直，左腿屈膝提起，脚尖下垂，上身稍左转。然后右手握剑屈肘侧举，腕低于胸，使剑身斜置于右肩上方，掌心朝前，剑尖朝向左上方；左手剑指下落，与肩同高，目视左前方。

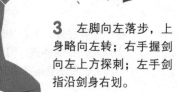

3 左脚向左落步，上身略向左转；右手握剑向左上方探刺；左手剑指沿剑身右划。

4 左腿顶膝，右腿伸展，成左弓步；右手握剑前刺；左手剑指与右臂在体前相合，附于右前臂内侧。目视剑尖。

第三十七式 转身下刺

1 接上式。右腿屈膝，重心右移，身体右转；右手握剑向右回带；左手剑指附于右肘内侧；掌心朝外，目视左侧。

130

2　身体重心继续右移，身体右转；右手握剑，剑柄领先，画弧带至右侧，掌心向前；左手剑指经身前向左画弧。

3　屈双膝下蹲；右手继续向右下方带剑；左手剑指向上画弧，直至与头同高。

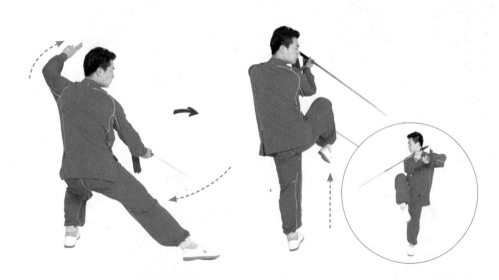

4　右腿伸直，重心移至左腿；同时右手握剑持续向左下方画弧，左手剑指架至头部左上方。

5　右腿屈膝提起，脚尖下垂，以左脚掌为轴碾步，身体右转；同时右手握剑，剑柄为先，向上带剑至右肩前，剑尖朝向右膝外侧，掌心朝后；左手剑指附于右腕上，目视剑尖。

6 身体右转约180度，右脚向右前方落步。

7 右腿向前顶膝成右弓步；右手握剑向右下方刺出，腕同腰高，掌心向上；左手剑指移至右前臂内侧，掌心向下，目视剑尖。

第三十八式 提膝提剑

1 接上式。左腿屈膝，右腿伸直，身体重心后移，上身左转；右手握剑，以剑柄领先，向左、向下带剑，剑尖朝左；左手剑指保持附于右前臂内侧。

2 右腿向右顶膝，左腿伸直，右手握剑，以剑柄领先，向右带剑，目视剑尖。

3 身体重心移至右腿，左腿贴向右腿，上身略右转并稍向前倾；同时右手握剑，前臂内旋，剑柄领先，向右、向上画弧提剑，左手剑指下落于腹前。

4 左腿屈膝上提，右腿伸直成右独立步；右手握剑成弧形举于右前方，腕同额高；左手剑指向左画弧摆举，与胸同高，掌心朝外。

第三十九式 行步穿剑

1 接上式。左脚向前落步，脚跟着地；右手握剑，向左穿剑。

2 上身左转；右手一边向上翻掌，一边向左前方穿剑，腕与腰同高，剑尖朝前；左手剑指向右上方画弧，摆举至右肩前。

3 上身右转，重心前移，右手握剑，前臂外旋带剑，剑尖向右；左手剑指向右摆向胸前。

4 左脚踏实，左膝微屈，右脚向右摆步，上身右转；右手握剑，剑尖领先，向前、向右画弧穿剑，腕与胸同高，剑尖朝右；左手剑指向左分展侧举，左臂成弧形，掌心朝外。

5 右脚踏实，身体继续右转；右手持剑继续向右水平穿剑，左手剑指保持侧举于身体左侧；目光跟随剑的方向移动。

6 左脚穿插至右脚的左前方，身体持续右转；右手持剑继续向右水平穿剑。

7 左脚踏实，身体右转；右手持剑继续向右水平穿剑，左手动作不变。

8 右脚先贴近左脚，再向右前方迈出一步，身体持续右转；右手握剑保持向右水平穿剑。

9 右脚踏实，左脚跟提起，重心右移，身体继续右转；右手握剑保持向右水平穿剑。

10 右脚踏实后，左脚插向右脚的右前方，屈右膝，双手收向腹部左前方，掌心向上，剑尖朝向前下方。

第四十式 摆腿架剑

1 接上式。左脚踏实，上身右转。

2 身体持续右转；右手握剑，从身体左前方向右、向上摆剑。左手剑指附于右腕。

4 右腿屈膝，脚尖向下；同时右前臂逆时针旋转，使剑尖在头部前上方逆时针画弧；左手剑指在面前与右手相合，屈肘附于右腕内侧，掌心向下。

3 左腿直立，身体右转，右腿向右前方踢；同时右手将剑摆至头部高度。

5 当剑尖画弧至头部左上方时，右手握剑下沉，右脚向前落下。

6 身体右转，右手握剑同左手剑指随身体右转，向右画弧于右侧髋部，腕与腰同高，掌心向下，剑尖朝左。

7 右脚踏实，右手握剑，向右、向上抬起，将剑架至头部前上方。

8 右膝前顶，左腿伸展成右弓步，上身左转；同时左手剑指经身前向上、向左外展画弧，目视左手剑指。

第四十一式 弓步直刺

1 接上式。身体重心移至右腿，左脚收提至右脚内侧；右手握剑经右向下方收至右侧髋部，虎口朝前，剑尖朝前；左手剑指经左向下收至左侧髋部，掌心向下，指尖朝前。

2 左脚向左前方迈出一步，上身左转。

3 左脚踏实，上身略左转；右手提剑于胸前，使剑变为立刃；左手剑指在胸前与右手相合，附于右腕内侧。

4 左腿向前顶膝成左弓步，同时右手握剑立刃向前平刺；然后向前伸送，掌心斜向下，目视前方。

第四十二式
收势

1 接上式。身体重心后移，右腿屈膝，左腿伸直，上身右转；右手握剑屈肘向右回带至右胸前；左手剑指仍附于右腕处并随之右移，两掌心相对，左手剑指变掌接剑；剑身微触左前臂外侧，目视前下方。

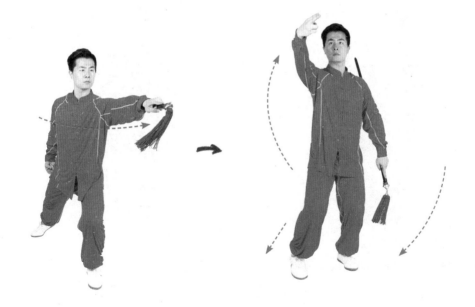

2 上身左转，左膝前顶，重心前移，成左弓步；同时左手接剑后反握，左臂向左前方打开，剑横向贴左臂外侧；右手变剑指向下画弧，贴向右侧髋部。

3 右脚上步成平行步；左手握剑向下摆置于左侧髋部旁，掌心朝后，剑身竖直，剑尖朝上；右手剑指经下方向身前上方画弧，随屈肘举于头部右上方，掌心朝内，指尖朝上。

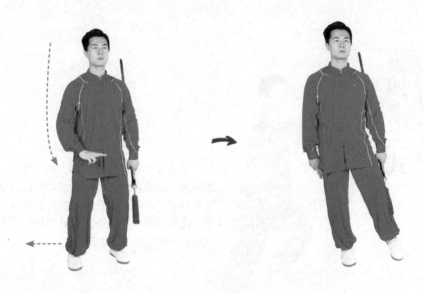

4 双腿并排微屈，右手剑指由头部侧上方向下归于腹前，左手握剑姿势不变。目视前方。

5 左脚跟提起，重心右移；同时右手剑指落于身体右侧。

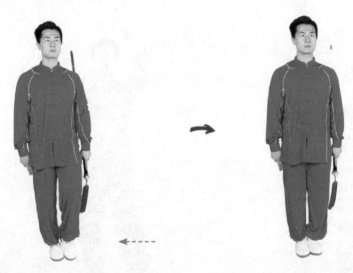

6 左脚向右脚并拢，双手姿势保持不变。

7 身体自然直立，双臂垂于体侧，目视前方。42式太极剑套路展示完毕。